Ursula Thumm
Monika Schaal

Golden Retriever

54 Farbfotos
17 Zeichnungen

Ulmer

Inhaltsverzeichnis

Vorwort

Die Jahre des Lebens, die man mit einem Golden Retriever geteilt hat, sind ein Gewinn. Golden Retriever hinterlassen Haare auf dem Teppich und Pfotenabdrücke auf weißen Hosen, aber ihr Charme, ihre Schönheit und ihre Persönlichkeit wiegen alles auf. Mit einem Golden Retriever an Ihrer Seite werden auch die dunklen Tage Ihres Lebens heller scheinen.

Golden Retriever sind liebenswert. Sie springen mit einem Augenzwinkern in Ihr Herz und mit einem Satz auf Ihr Sofa. Die Retrieverleidenschaft ist wie ein Virus. Wen sie befällt, der wird sie nur schwer wieder los. Auch wir beschäftigen uns seit vielen Jahren mit dem Golden Retriever und begegnen auf Prüfungen, Ausstellungen oder im Alltag vielen Menschen, die von dieser Rasse begeistert sind. Bei aller Faszination dürfen wir aber nicht vergessen: Golden Retriever sind keine pflegeleichten Wunderwesen und kein schmückendes Beiwerk für die Wohnung oder die schicke Wanderkleidung. Golden Retriever sind in erster Linie Hunde, mittelgroß, kräftig und aktiv, mit entsprechendem Gebiss und bestimmten Ansprüchen an ihre Umwelt. Ihre vielen guten Eigenschaften verdanken sie ihrer ursprünglichen Bestimmung als Jagdgebrauchshund. Nur wenn die Bedürfnisse von Hund und Mensch zusammenpassen, wird der Golden wirklich zum Traumhund werden. Wollen Sie sich einen Golden Retriever ins Haus holen oder haben Sie sich bereits für diese zauberhafte Rasse entschieden und überlegen, woher Sie Ihren zukünftigen Hausgenossen bekommen könnten? Oder sind Sie seit kurzem stolze Besitzer eines Golden Retrievers? Nicht nur, wenn Sie zum ersten Mal Hundebesitzer geworden sind, auch wenn Sie bereits mit anderen Rassen Erfahrungen gesammelt haben und nun ein Golden Retriever „Ihr Hund" ist, werden gerade im ersten Jahr viele Fragen auftauchen. Für diese Zeit haben wir unser Buch geschrieben. Wir haben die Themen herausgegriffen, die diejenigen beschäftigen, die sich neu für einen Golden Retriever interessieren. Daher können wir vieles, was uns außerdem wichtig ist, nur am Rande erwähnen. Wir möchten Ihnen aber Hilfestellung für einen guten Start mit

Ihrem Golden Retriever geben und wünschen viele gute Jahre miteinander!

Wir möchten unsere Erfahrung weitergeben, die über die lange Zeit gewachsen ist, in der wir uns mit der Zucht und den verschiedenen Sparten der Ausbildung der Golden Retriever beschäftigt haben. In Zucht, Gesundheit, Ausstellungswesen und Ausbildung der Retriever haben sich in den letzten Jahren immer wieder Veränderungen ergeben. Dieses Buch beruht auf dem aktuellen Stand der Erkenntnisse, doch können auch wir Neuentwicklungen, Veränderungen und zukünftige Forschungsergebnisse nicht vorhersehen.

Wenn man sich mit Hunden beschäftigt, lernt man ein Leben lang. Wir danken denjenigen, die in all den Jahren gerne für Fachgespräche offen waren und uns dadurch weitergebracht haben. Danken möchten wir an dieser Stelle all denen, die uns bei diesem Buch unterstützt haben. Besonders erwähnen möchten wir Frau Dr. Anne-Ly Peissner, die uns für das Kapitel Gesundheit wertvolle Tips gegeben hat und unseren Fotografen für die Umsetzung unserer Ideen in Bilder, ebenso wie Frau Birgit Brode, die uns ihre besten Privatfotos anvertraut hat. Danken möchten wir auch den Lektorinnen Frau Dr. Nadja Kneissler und Frau Dr. Eva-Maria Götz für die vertrauensvolle Zusammenarbeit. Ein besonderes Dankeschön gilt all unseren Hundemodels, stellvertretend den Golden Retrievern „von der Räuberburg", die mit unsäglicher Geduld viele Fototermine über sich ergehen ließen.

Kaisersbach und Weinstadt, im Frühjahr 2000
Ursula Thumm
Monika Schaal

Ursprung des Golden Retriever

Es gibt insgesamt sechs Retriever-Rassen. Bekannt sind vor allem der Golden, der Labrador und der Flat Coated Retriever. Weniger bekannt sind der Curly Coated, der Chesapeake Bay und der Nova Scotia Duck Tolling Retriever. Sie gehören alle zur FCI-Gruppe 8 (Féderation Cynologique Internationale, internationaler Verband der Hundezüchter) der Apportier-, Stöber- und Wasserhunde.

Die sechs Retrievervarietäten

Diese Retrieverrassen unterscheiden sich nicht nur im Aussehen, sondern auch in ihren Charaktereigenschaften stark voneinander – Retriever ist nicht gleich Retriever.

Labrador Retriever

Der Labrador ist ein kurzhaariger Hund in der Größe des Golden Retrievers. Das stockhaarige Fell mit dichter, wasserabweisender Unterwolle hat die Farben Schwarz, Gelb oder Chocolate. Der Labrador ist kräftig, stabil und temperamentvoll und von freundlichem Naturell. Er möchte arbeiten und muss beschäftigt sein.

Flat Coated Retriever

Der Flat war ursprünglich der beliebteste Retriever in England. Flat Coated Retriever sind sehr lebhafte Hunde, äußerst intelligent und gelehrig, aber dadurch nicht immer einfach zu erziehen. Das schwarze oder leberfarbene Haarkleid des Flat ist glatt, mittellang und dicht. Er ist kräftig, aber nicht schwerfällig und soll elegant wirken.

Curly Coated Retriever

Der Curly unterscheidet sich im Wesen deutlich von den anderen Retrieverrassen, denn er zeigt Wach- und Schutzhundeigenschaften. Er

Die sechs Retriever-
rassen: Labrador, Flat,
Golden, Chessie, Curly
und Toller (von links).

ist selbstsicher und freundlich und von großer Arbeitsfreude und Belastbarkeit. Sein typisches Fell mit den unverkennbaren kleinen, kurzen Locken ist schwarz oder leberfarben. Der Curly ist größer als die
anderen Retrieverrassen.

Chesapeake Bay Retriever

Der Chessie ist ein intelligenter, mutiger Hund mit hoher Arbeitsfreude,
der auch Wach- und Schutzhundeigenschaften besitzt. Er wird oft als
Einmannhund beschrieben. Der Chessie ist ein kräftiger, wohlpropor-
tionierter Hund mit bernsteinfarbenen Augen. Sein rotbraunes bis
strohgelbes Fell hat fetthaltiges Deckhaar und dichte Unterwolle, leicht
gewellt an Schultern, Hals, Rücken und Lende.

Nova Scotia Duck Tolling Retriever

Der Toller ist der kleinste der Retriever-Rassen und erst in den letzten
Jahren bei uns bekannt geworden. Seine besondere Eigenschaft ist,
dass er das Wasserwild nicht nur apportiert, sondern es vorher durch
flinke Bewegungen anlockt. Sein wasserabweisendes Haarkleid ist mittellang und weich, die Farben schwanken von Rot bis Orange mit
weißen Abzeichen an Brust, Pfoten und Rutenspitze. Er ist intelligent,
sensibel, ausdauernd und spielfreudig.

Der Rassestandard des Golden Retriever

Die Formulierung eines Rassestandards ist keine willkürliche Festlegung irgendwelcher Schönheitsideale. Im Vordergrund steht die Eignung des Hundes für seinen ursprünglichen Verwendungszweck. Unter diesem Aspekt werden die dafür benötigten anatomischen Merkmale beschrieben.

Der Golden bringt erlegtes Wild im Fang zurück ohne es dabei zu beschädigen.

9

Auszug aus dem FCI –Standard 111 von 1987 für den Golden Retriever:		
		Erklärung
Verwendung	Apportierhund für die Flintenjagd	Der Golden ist nicht als Familienhund gezüchtet worden, sondern zunächst einmal als Jagdgebrauchshund. Dies sollte man auch heute noch bedenken, wenn man sich einen Golden kauft.
Allgemeines Erscheinungsbild	Symmetrisch, harmonisch, lebhaft, kraftvoll, ausgeglichene Bewegung; kernig bei freundlichem Ausdruck	
Verhalten/Charakter	Wille zum Gehorsam, intelligent mit natürlicher Anlage zu arbeiten. Freundlich, liebenswürdig und zutraulich.	Ein Golden ist lebhaft, kein Sofahund, er hat eine natürliche Arbeitsveranlagung, doch muss diese Veranlagung gefördert werden, wenn man seinem Hund gerecht werden will.
Kopf und Hals	Proportioniert und wohlgeformt. Schädel breit, ohne grob zu sein, gut auf dem Hals sitzend. Stopp ausgeprägt. Nase vorzugsweise schwarz. Fang kräftig und tief, von annähernd gleicher Länge wie der Schädel vom Stopp zum Hinterhauptbein. Kräftige Kiefer mit einem perfekten, regelmäßigen und vollständigen Scherengebiss. Augen dunkelbraun, weit voneinander eingesetzt, dunkle Lidränder, Ohren mittelgroß, ungefähr in Höhe der Augen angesetzt. Hals von guter Länge, trocken (d.h. ohne Wamme) und muskulös.	Ein kräftiger und tiefer Fang ist notwendig, um schweres Wild wie Ente oder Kaninchen zu apportieren. Ein vollständiges Gebiss ist erwünscht, damit der Hund optimal kauen und seine Nahrung verwerten kann. Ein zu kurzer Hals könnte dem Hund beim Aufnehmen des Wilds vom Boden sowie beim Tragen Probleme bereiten, ebenso bei der Fährten- und Schweißarbeit.
Körper	Harmonisch, obere Rückenlinie gerade, kurze und kräftige Lendenpartie, tiefer Brustkorb, Rippen tief und gut gewölbt. Rute in Höhe der Rückenlinie angesetzt und getragen, bis zu den Sprunggelenken reichend.	Als Jagdgebrauchshund muss der Golden ausdauernd laufen können. Der tiefe Brustkorb bietet viel Platz für die Lungen und ermöglicht damit eine optimale Atmung.

		Erklärung
Gliedmaßen	Vorderläufe gerade mit kräftigen Knochen, gut zurückliegende Schultern mit langem Schulterblatt. Oberarm gleich lang wie das Schulterblatt, gut anliegende Ellbogen. Hinterhand kräftig und muskulös, gut gewinkelte Kniegelenke, langer Unterschenkel, Sprunggelenke von hinten betrachtet gerade, nicht ein- oder ausdrehend. Pfoten: Katzenpfoten. Gangwerk kraftvoll und mit gutem Schub, gerade und parallel in Vorder- und Hinterhand, frei und ohne Anzeichen des Steppens (Hochheben der Vorderläufe).	Jede Abweichung vom beschriebenen Gangwerk bedeutet für den Hund, dass er mehr Kraft aufwenden muss, um sich fortbewegen zu können. Bei der Arbeit wird ein Hund mit einem fehlerhaften Gangwerk schneller ermüden. Grobe Fehlstellungen in den Gelenken können auf Dauer auch zu schmerzhaften Veränderungen führen.
Haarkleid und –farbe	Haar glatt oder wellig mit guter Befederung, dichte, Wasser abstoßende Unterwolle. Jede Schattierung von Gold bis Cremefarben, weder Rot noch Mahagoni. Einzelne weiße Haare an der Brust sind zulässig.	Als Apportierhund für die Wasserjagd muss der Golden bei jedem Wetter ins Wasser gehen und die geschossenen Enten herausholen. Dafür muss er ausdauernd schwimmen können. Nicht immer hat er danach die Gelegenheit, zu trocknen. Daher ist die dichte, Wasser abstoßende Unterwolle unerlässlich.
Größe	Rüden 56–61 cm, Hündinnen 51–56 cm	

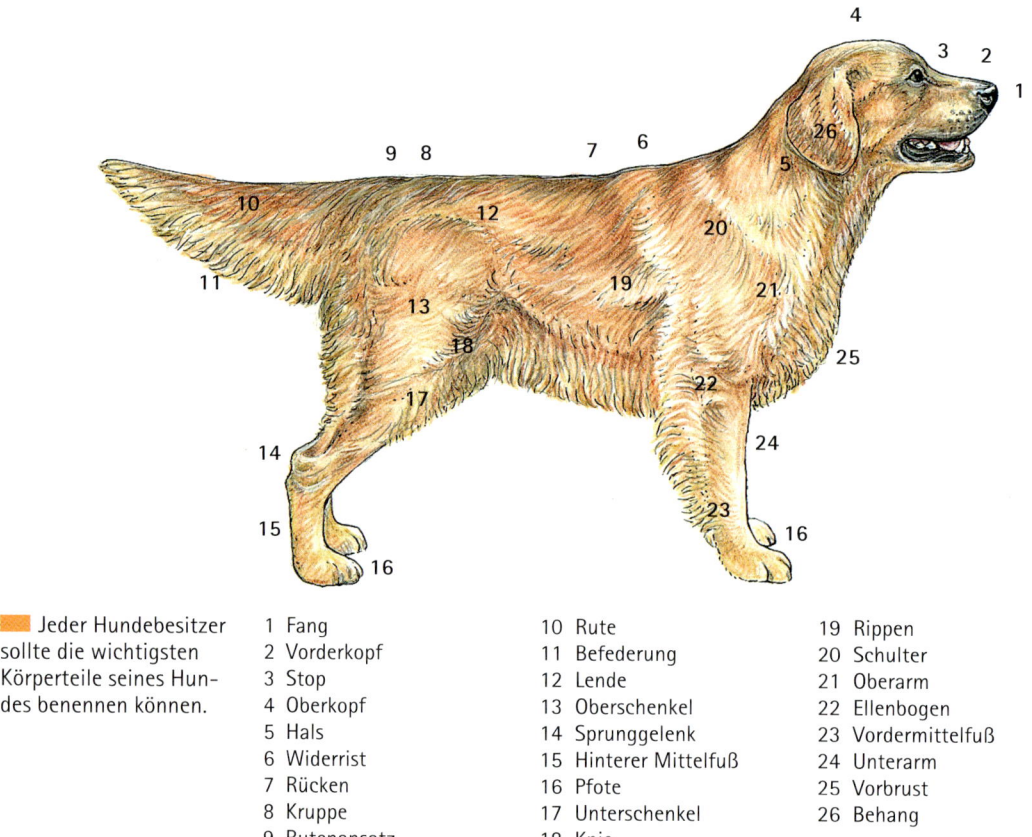

Jeder Hundebesitzer sollte die wichtigsten Körperteile seines Hundes benennen können.

1 Fang
2 Vorderkopf
3 Stop
4 Oberkopf
5 Hals
6 Widerrist
7 Rücken
8 Kruppe
9 Rutenansatz

10 Rute
11 Befederung
12 Lende
13 Oberschenkel
14 Sprunggelenk
15 Hinterer Mittelfuß
16 Pfote
17 Unterschenkel
18 Knie

19 Rippen
20 Schulter
21 Oberarm
22 Ellenbogen
23 Vordermittelfuß
24 Unterarm
25 Vorbrust
26 Behang

Grundsätzlich spiegelt der Rassestandard den Wunschtraum und das Zuchtziel einer Rasse wider. An diesem Idealbild werden die Hunde gemessen. In der Realität wird es immer Hunde geben, die dem Zuchtziel sehr nahe kommen, andere entsprechen ihm teilweise oder sind in mancher Hinsicht sogar recht weit davon entfernt.

Geschichte des Golden

Der Ursprung der Reinzucht des Golden Retrievers liegt in England und die Erforscher der Rassegeschichte sind sich einig, dass Lord Tweedmouth als Begründer der Rasse anzusehen ist. Er kaufte einen 1864 geborenen jungen gelben „Retriever", den er Nous nannte. Nous wurde 1868 mit Belle gepaart, einer Water Spaniel Hündin aus Tweed. Aus dieser Verpaarung wurden drei gelbe Welpen geboren, die

Stammhunde des Golden Retrievers. Der Wurf wurde wiederholt und brachte eine weitere gelbe Hündin hervor. Mit diesen Hunden betrieb Lord Tweedmouth auf seinem Landsitz Guisachan in Schottland eine durchdachte Linienzucht. Dabei wurden in den folgenden Jahren immer wieder andere Hunde eingekreuzt, unter anderem ein Tweed Water Spaniel, ein Irischer Setter und ein sandfarbener Bluthund. Alle heutigen Golden Retriever stammen von den Guisachan-Hunden ab.

Der Begriff „Retriever" wurde anfangs nicht für eine bestimmte Rasse verwendet, sondern für Hunde, die in einer bestimmten Weise arbeiten konnten. Alle Hunde, die erlegtem oder angeschossenem Wild nachsetzten und es zurückbrachten, wurden „Retriever" genannt. Erst 1913 wurde die Rasse der „Golden Retriever" beim englischen Kennel Club als reinrassig registriert und der Golden Retriever Club in England gegründet.

> **TIPP**
> „to retrieve"
> (engl.) = zurückbringen

Um die Jahrhundertwende wurden die ersten Golden Retriever nach Nordamerika gebracht, und um 1920 bis 1930 kamen einige auch nach Neuseeland und Australien. In den dreißiger Jahren kamen die ersten Golden Retriever über den Ärmelkanal nach Frankreich, Holland und Belgien, in der Mitte des 20. Jahrhunderts auch nach Skandinavien.

„Don", der erste in Deutschland als Deckrüde eingesetzte Golden, wurde 1957 in England geboren und kam mit seiner Besitzerin nach Deutschland. Im Jahr 1959 kam in den USA die Hündin „Cragmount's Tessa" zur Welt. Sie kam mit drei Monaten nach Deutschland zu Dr. Wilhelm Heraeus. Aus der geglückten Verpaarung dieser beiden Hunde fiel im Dezember 1962 der erste Wurf Golden Retriever in Deutschland unter dem Zwingernamen „von der Schwindefurt".

In den Anfangsjahren gab es nur zwei bis vier Würfe pro Jahr. Die Züchter gründeten im Jahr 1963 den Deutschen Retriever Club e.V. (DRC) mit Sitz in Stuttgart. Der DRC betreute von Anfang an nicht nur den Golden Retriever, sondern alle Retriever-Rassen. Inzwischen gibt es darüber hinaus den Labrador Club Deutschland e.V. (LCD) und den Golden Retriever Club e.V. (GRC). Seit damals wurden in Deutschland im DRC und GRC über 15 000 Welpen ins Zuchtbuch eingetragen.

Charakter und Wesen

Häufig hat der Golden Retriever das Image des „kinderlieben, stets freundlichen, leicht zu erziehenden Hundes", der nie rauft, knurrt oder gar beißt und sich deshalb problemlos als Familienhund eignet. Kann er den hohen Erwartungen gerecht werden, die damit in ihn gesetzt werden? Im Rassestandard sind die Charaktereigenschaften des Golden Retrievers beschrieben: „Wille zum Gehorsam; intelligent mit natürli-

cher Anlage zum Arbeiten; stets freundlich, sowohl Menschen als auch anderen Tieren gegenüber; liebenswürdig und zutraulich." Was genau bedeuten diese Angaben?

... Wille zum Gehorsam („will to please"), leichtführig und intelligent:
Der Golden Retriever lernt in der Regel leicht und schnell. Er bringt die Anlage zur Zusammenarbeit mit dem Menschen mit. Das heißt nicht: bedingungsloses Ausführen jeglicher Befehle. Bei seiner jagdlichen Arbeit muss der Hund durchaus selbstständig handeln, daher kann der Golden auch einmal anderer Ansicht sein als sein Mensch. „Leichtführig" heißt nicht, dass Ihr Golden gutes Benehmen von alleine lernt oder schon von Anfang an kann.

Gute Freunde!

... mit natürlicher Anlage zum Arbeiten:
Der Golden war ursprünglich ein reiner Arbeitshund. Er war bei Wind und Wetter im Wald, auf dem Feld und im Wasser mit seiner ganz speziellen Aufgabe, dem Apportieren, beschäftigt. In Jägerhand ist er dieser Arbeitshund bis heute geblieben. Auch viele als Familienhund gehaltenen Golden verleugnen diese Anlagen nicht. Sie apportieren mit Vorliebe Socken, Handschuhe, Omas Handtasche, den dicken Ast auf dem Spazierweg, die tote Maus am Wegesrand oder leckere Pferdeäpfel – einfach alles, was ihnen apportierfähig erscheint. Auch sie lieben den Spaziergang bei jedem Wetter und können Wasser, am liebsten in Form einer Schlammpfütze, kaum widerstehen. Ein Golden will arbeiten und ist als reines Vorzeigeobjekt oder dekoratives Beiwerk zu Ihrem Sofa nicht geeignet.

... stets freundlich, Menschen und Tieren gegenüber:
Im Idealfall ist der Golden verträglich und gelassen gegenüber Tieren und Menschen. Der Arbeitsgolden muss mit anderen auskommen. Häufig wird in der Gruppe gearbeitet, der arbeitende Hund darf nicht zwischen zwei Apportiergängen Menschen oder Artgenossen angreifen. „Stets freundlich" kann aber auch bedeuten, dass sich der Golden überschwänglich freut, auf jeden zurennen möchte und wildfremde Menschen zum Streicheln einlädt. Zum Wach- und Schutzhund ist der Golden Retriever nicht geeignet. Die Freundlichkeit gegenüber Artgenossen ist ein Wesenszug, den man sich beim Golden wünscht. Doch es gibt auch solche, die nicht immer gut mit anderen Hunden auskom-

14

men, die knurren oder einer Rauferei nicht abgeneigt sind.

... liebenswürdig und zutraulich:
Golden Retriever reagieren überwiegend liebenswürdig und zutraulich auf freundliche Annäherungen und genießen die Schmusestunde mit ihren Menschen. Es gibt Golden, die sich gerne stundenlang kraulen lassen. Doch auch der Golden lässt sich nicht gerne vorschreiben, wen er zu lieben und bei wem er zutraulich zu sein hat. Auch er sollte bestimmten Personen ausweichen dürfen, wenn er es möchte.

Ein Hund für alle Fälle

Züchter können unterschiedliche Schwerpunkte in ihrer Zucht setzen. Stellen sie mehr die Arbeitsveranlagung in den Vordergrund, geht dies manchmal auf Kosten der äußeren Erscheinung. Golden Retriever aus Arbeitslinien sind meist leichter und schlanker gebaut und entsprechen nicht immer ganz dem Schönheitsideal, doch sind sie schnell und wendig und haben viel Temperament. Sie sind sehr aufmerksam und reagieren auf kleinste Anweisungen und Gesten schneller als andere Goldens.

Hunde aus Arbeitslinien werden häufig in Jägerhand abgegeben. Ersatzweise kann man mit ihnen mit dem Dummy arbeiten, damit sie ihren Anlagen gemäß beschäftigt sind, als reine Familienhunde sind sie nur bedingt geeignet. Golden Retriever aus reinen Arbeitslinien sind nicht zu verwechseln mit Goldens, die vielleicht einmal in ihrem Leben eine „Arbeitsprüfung" bestanden haben.

Heute stammen viele Golden Retriever, besonders auch die ausländischen, aus sogenannten „Showlinien", bei denen der Schwerpunkt auf die äußere Erscheinung gelegt wird. Viele dieser Hunde kommen dem im Rassestandard formulierten Idealbild eines Goldens nahe, sie sind jedoch oft schwerer, ruhiger und von ausgeglichenem Temperament. Schnelligkeit und Wendigkeit sind nicht ihre Stärke. Sie eignen sich daher eher als Familienhunde. Dennoch tragen auch sie noch in gemäßigter Form die Arbeitsanlagen in sich und sollten entsprechend beschäftigt werden.

Es gibt viele Golden Retriever, die Arbeitsveranlagung und Schönheit in sich vereinigen. Sie tauchen auf Hundeausstellungen in der Gebrauchshundeklasse auf und verdienen besondere Beachtung, weil sie dem Ideal dieser Hunderasse sehr nahe kommen.

„Ich helfe bei der Hausarbeit gerne mit."

15

Überlegungen vor dem Kauf

Rechte Seite: Erste Begegnung mit dem neuen Familienmitglied.

Der Golden ist Ihr Favorit ? Dann sollten Sie sich weitere Gedanken über seine Anschaffung machen. Jede Hunderasse hat ihre speziellen Bedürfnisse und Ansprüche an Besitzer und Umwelt, deshalb sollten Sie genau prüfen, ob gerade der Golden in Ihrer Lebenssituation der richtige Hund ist.

Passt ein Golden in Ihren Alltag?

Einen Golden können Sie nicht den ganzen Tag alleine lassen. Ein älterer Hund wird sich daran gewöhnen können, dass Sie vier bis fünf Stunden außer Haus sind. Kommen Sie dann allerdings heim, braucht er Ihre Aufmerksamkeit und seinen ausgedehnten Spaziergang von insgesamt etwa zwei bis drei Stunden am Tag. Die tägliche Auslaufrunde wird Ihrem Hund genug körperliche Bewegung verschaffen, doch sollten Sie auch etwas für seine geistige Fitness tun.

TIPP Auch ein noch so großer Garten kann keinesfalls den Spaziergang mit Ihnen ersetzen. Ihr Golden möchte, dass Sie sich für ihn Zeit nehmen.

Tagesablauf und Alltagsgestaltung werden sich ändern, wenn ein Golden ins Haus kommt. Sind die Kinder und der Partner bereit und in der Lage, auch mal mitzuhelfen? Kalkulieren Sie auch ein, dass sich Ihr Freundeskreis ändern wird. Manche Ihrer Freunde werden sich im Laufe der Zeit von Ihnen und Ihrem neuen „Hobby" distanzieren. Nicht jeder Gast mag Hundehaare und Pfotenabdrücke auf der Kleidung. Dafür werden Sie über das gemeinsame Gesprächsthema „Hund" sicher viele neue Bekanntschaften finden.

Ein Golden verlangt auch bei schlechtem Wetter seinen ausgiebigen Spaziergang.

Ein Golden verliert beim Fellwechsel bergeweise Haare, die sich büschelweise in jeder Ecke Ihrer Wohnung ansammeln. Bei Allergikern führt dies vielleicht zu Problemen. Sie können vor der Anschaffung des Hundes untersuchen lassen, ob eine Allergieanfälligkeit besteht. Den Golden in einem solchen Fall im Zwinger zu halten, wäre keine gute Lösung, denn der Golden braucht Familienanschluss. Der Golden muss nicht 24 Stunden am Tag beschäftigt werden, er

braucht auch seine Ruhephasen. Aber die Kommunikation mit seinen Menschen ist für ihn wichtig. Dies gilt auch für den Urlaub. Sind Sie bereit, Ihre Urlaubsplanung auf Ihren neuen Hausgenossen abzustimmen?

Passt ein Golden zu Ihrer Wohnsituation?

Auch in einer kleinen Wohnung fühlt ein Golden Retriever sich da am wohlsten, wo seine Menschen sich aufhalten.

Wohnen Sie im Hochhaus, dann müssen Sie mehrmals täglich Treppen steigen oder sogar mit dem Aufzug fahren. Ihre Nachbarn sehen es nicht gerne, wenn sich Ihr Hund direkt vor der Tür versäubert oder Ihr Rüde an den Sträuchern am Eingang regelmäßig das Bein hebt. Bei Regenwetter kommt Ihr Hund mit sehr schmutzigen Pfoten nach Hause und schüttelt sich mit Vorliebe im Treppenhaus. Wenn er Durchfall hat, muss er vielleicht jede Stunde schnellstens nach draußen, auch nachts.

Ideal wäre ein eigenes Haus mit Garten oder eine Wohnung im Erdgeschoss. Wohnen Sie zur Miete, brauchen Sie für die Hundehaltung die Genehmigung Ihres Vermieters. Es ist sehr praktisch, wenn Sie direkt am Haus die Möglichkeit haben, Ihrem Hund genügend Auslauf auch ohne Leine zu bieten. Ihr Golden muss sich frei bewegen und oh-

> **TIPP**
> Zwingerhaltung ist für Retriever nicht geeignet.

Sand und Erde fallen aus dem trockenen Fell erstaunlich schnell wieder heraus – auf Ihren Teppich!

18

ne Leine rennen können. Der Garten allein reicht dafür nicht aus. Rennt Ihr Retriever im Frühjahr oder Herbst auf dem nach langem Regen aufgeweichten Rasen hin und her, bilden sich bald Trampelpfade oder sogar kahle Stellen. Auch buddeln die meisten Retriever für ihr Leben gerne und helfen Ihnen dabei, die eben frisch gesetzten Blumenzwiebeln wieder auszugraben. Im Sommer ist ein kühles, frisch gegrabenes Erdloch für Ihren Hund ein angenehmer Ruheplatz.

Besonders für Hundewelpen stecken in einem Garten viele Gefahrenquellen, die Ihnen oft erst bewusst werden, wenn der Welpe einzieht. Sind Sie bereit, Ihren Garten hundesicher einzurichten, auch wenn seine Schönheit darunter leidet?

■ Vertrauensvolle Begegnung – Welpen sollten früh die anderen Hausbewohner kennenlernen.

Haben Sie andere Haustiere ?

Golden Retriever vertragen sich meistens gut mit anderen Tieren, wenn diese zum Rudel gehören. Dem jungen Retriever muss das Zusammenleben von Anfang an beigebracht werden: Jagen und Scheuchen von

19

Katzen, Meerschweinchen, Hühnern oder Enten ist tabu. Auch der Alltag mit zwei oder mehr Goldens gestaltet sich normalerweise problemlos, weil sie untereinander verträglich sind.

Rüde oder Hündin ?

Temperament und Charakter sind nicht geschlechtsabhängig. Es gibt unter den Golden wie bei jeder Rasse verschmuste, sanfte Rüden, die nie an eine Rauferei denken würden genauso wie andere, die keinem Kampf aus dem Weg gehen. So gibt es auch streitsüchtige und verträgliche Hündinnen. Rüden heben an jeder Ecke das Bein (was man allerdings durch Erziehung einschränken kann), reagieren mehr oder weniger heftig auf den Geruch einer läufigen Hündin und neigen dann eher dazu, eigene Wege zu gehen. Hündinnen werden meist zweimal im Jahr läufig, was Ihr Grundstück in dieser Zeit zum Anziehungspunkt für Rüden werden lässt.

Ihr Golden hatte kein Mitspracherecht bei der Auswahl seines neuen Zuhauses. Entsprechen Sie seinen Vorstellungen? Hätte er sich für Sie entschieden?

Was kostet ein Hund?

Der Anschaffungspreis für einen Golden ist nicht das Teuerste am Hund, die Folgekosten sind meist viel höher als man denkt. Für Hundesteuer, Impfungen, Wurmkuren, Haftpflichtversicherung und Ausrüstung kommen leicht über 1000 DM im Jahr zusammen, dabei sind die Futterkosten noch nicht gerechnet. Wenn Ihr Hund öfter krank ist oder spezielle Nahrung braucht, steigen die Kosten schnell in ungeahnte Höhen. Wenn Sie mit Ihrem Hund zur Ausbildung, auf Ausstellungen oder andere Veranstaltungen gehen wollen, entstehen weitere finanzielle Belastungen.

Der Weg zu Ihrem Hund

Einen Golden Retriever kaufen Sie am besten vom Züchter. Dem Dachverband VDH (Verband für das Deutsche Hundewesen e.V.) sind derzeit nur die Vereine GRC (Golden Retriever Club e.V.) und DRC (Deutscher Retriever Club e.V.) angeschlossen. Sie unterliegen den strengen Zuchtbestimmungen des VDH, die Aufzuchtbedingungen werden festgelegt und kontrolliert. Die Züchter im VDH müssen Sachkunde nachweisen und dürfen keinen gewerblichen Hundehandel betreiben.

Zuchtvoraussetzungen: Die Zuchtrüden und -hündinnen werden untersucht auf Hüftgelenksdysplasie (HD), Ellbogendysplasie (ED) und erbliche Augenkrankheiten (Grauer Star, Progressive Retinaatrophie und Retinadysplasie). Im Rahmen einer Sonderprüfung wird das dem Rassestandard entsprechende Aussehen festgestellt. Charakterliche Eignung sowie Arbeitsveranlagung und Schussfestigkeit werden durch den Wesenstest oder der Feststellung der Wesensveranlagung sowie auf Arbeitsprüfungen (z.B. Begleithundeprüfung, Anlagenprüfung) nachgewiesen.

Welpe oder älterer Hund

Es ist schön, einen Welpen aufzuziehen und aufwachsen zu sehen. Er kann sich von Anfang an an Ihre persönliche Lebenssituation gewöhnen. Für einen Welpen brauchen Sie viel mehr Zeit, als Sie sich vorstellen können. Am Anfang können Sie Ihren Welpen nicht aus den Augen lassen, denn er kommt auf die unmöglichsten Ideen. Nichts ist sicher - weder Teppichfransen noch Zimmerpflanzen oder Tapeten. Außerdem brauchen Sie viel Zeit, um die Grundlagen der Hauserziehung zu legen.

Eine andere Möglichkeit ist, einen älteren Hund ins Haus zu holen, der bereits stubenrein ist und Hauserziehung erhalten hat. Sie sollten dann allerdings genau schauen, welche Erfahrungen dieser Hund vielleicht schon gemacht hat und warum er vom Vorbesitzer abgegeben wird. Oft werden Probleme verschwiegen, mit denen Sie sich dann auseinander setzen müssen. Ältere Golden aus Züchterhand haben sich oft als nicht zuchttauglich erwiesen, geben aber durchaus gute Familienhunde ab.

> **TIPP**
> Ältere Golden Retriever werden oft über die Geschäftsstellen des DRC oder des GRC vermittelt.

Welcher Golden von welchem Züchter?

Die Wahl des Züchters hängt davon ab, welche Ziele Sie mit dem Kauf eines Golden Retrievers verbinden. Wenn Sie die Jägerprüfung haben und einen Golden Retriever für die jagdliche Arbeit suchen, sollten Sie sich an einen Züchter wenden, der mit den Elterntieren jagdlich arbeitet und dessen Zuchthunde ihre Eignung auf Arbeitsprüfungen nachgewiesen haben.

Wenn Sie sich für Hundeausstellungen interessieren und sich mit Ihrem Hund diesen Schönheitskonkurrenzen stellen wollen, werden Sie bei einem Züchter nach einem Welpen fragen, der seine Hunde schon

21

■ Diese Golden stammen aus einem Zwinger, in dem parallel die jagdliche Arbeitslinie (typisch dafür das dunklere Fell) und die Showlinie (hellere Fellschattierung) gezüchtet werden.

oft erfolgreich ausgestellt hat. Solche Züchter treffen Sie auf den Ausstellungen, ein Besuch lohnt sich schon wegen der Kontakte, die Sie dort knüpfen können.

Suchen Sie einen Hund, mit dem Sie später als Rettungshund arbeiten können, muss er besonders wesensfest und unerschrocken sein. Ein erfahrener Züchter kann Ihnen bei der Auswahl eines geeigneten Welpen raten.

Falls Sie später züchten wollen, sollten Sie an Ihren neuen Hund die allerhöchsten Ansprüche stellen. Nicht jeder gute Familienhund eignet sich von seiner Abstammung her auch für die Zucht. Um dies beurteilen zu können, brauchen Sie nicht nur einen erfahrenen Züchter, sondern auch selbst Kenntnisse über den Stammbaum des Welpen. Die Namen auf der Ahnentafel sollten dann für Sie nicht nur leere Begriffe sein, sondern Sie sollten wissen, welcher Hund sich hinter einem bestimmten Namen verbirgt. Für jemand, der sich mit der Rasse erst wenig beschäftigt hat, ist dies fast unmöglich. Lassen Sie sich dafür genügend Zeit, fragen Sie sich durch und warten Sie lieber mit der Anschaffung, bis Sie wirklich einen viel versprechenden Welpen mit einer guten Abstammung bekommen können, auf dem Sie Ihre Zucht aufbauen können.

Erwarten Sie in jedem Fall nicht zu viel von Ihrem Hund und stellen Sie keine zu hohen Ansprüche, sonst sind Enttäuschungen vorprogrammiert. Freuen Sie sich, wenn Ihr Welpe gedeiht und zu einem gesunden Familienhund heranwächst.

Bei Ihrem Besuch können Sie dem Züchter viele Fragen stellen:

- Gesundheitszeugnisse und Prüfungen der Elterntiere
- seine Zuchtziele
- Unterbringung seiner Hunde, Umgebung und Sozialkontakte der Welpen
- Futterplan, Pflegehinweise und Welpenbegleitbrief
- Kaufpreis
- Impfungen und Entwurmungen der Welpen
- Betreuung nach der Abgabe, Welpenspieltage
- Pflegeplatz im Urlaub und im Notfall

Der erste Besuch beim Züchter

Adressen von Züchtern, die einen Wurf planen oder erwarten, bekommen Sie von den Welpenvermittlungsstellen der Retrieververeine. Oft sind die Welpen noch gar nicht geboren, wenn Sie den ersten Kontakt mit dem Züchter knüpfen. Sie können jedoch ihn und seine Hunde ausgiebig „beschnuppern" und bei einem Spaziergang oder einer Übungsstunde vor allem die Mutterhündin beobachten. Da sich ihr Wesen in vielem auf die Welpen übertragen wird, achten Sie darauf, wie sich die zukünftige Mutter anderen Hunden und Ihnen gegenüber verhält.

Wenn der Züchter Interesse daran hat, seine Welpen in gute Hände abzugeben, wird er Ihnen in diesem Gespräch umgekehrt auch einige

Fragen stellen. Er wird wahrscheinlich wissen wollen, warum Sie gerade einen Golden Retriever haben möchten, wo Sie ihn unterbringen werden, ob Sie besonders am Anfang genügend Zeit für den Welpen haben werden und wer für die Betreuung verantwortlich sein wird.

Zum Nachtisch noch ein Schluck aus Mamas Zitzen.

Warten auf den Welpen

Haben Sie sich erst einmal für einen Golden entschieden, kann es vielen nicht schnell genug gehen und man möchte den Hund am liebsten sofort haben. Da ein Züchter Welpen meist nicht auf Vorrat hat, nutzen Sie die Wartezeit, sich mit dem Gedanken an den Hund auseinander zu setzen, ihn kennen zu lernen und alles für seine Ankunft vorzubereiten.

Das erste Kennenlernen

Sind die Welpen geboren, werden Sie bei den meisten Züchtern nicht sofort die Gelegenheit haben, den Wurf zu sehen. Haben Sie Verständnis dafür, dass Mutterhündin und Züchter in den ersten Tagen ihre Ruhe brauchen. In den ersten zwei Wochen sind die Augen der Saugwelpen noch geschlossen und ihr Tagesablauf besteht aus Schlafen und

25

Saugen. Nach zwei Wochen öffnen sich die Augen und die Welpen beginnen, auf die Beine zu kommen. Schlagartig fangen sie an, ihre Umwelt zu entdecken.

Nun können Sie den Züchter nach einem Besuchstermin fragen. Obwohl die Welpen bestimmt Ihr Herz im Sturm erobern werden, sollten Sie dennoch den Verstand nicht ganz ausschalten. Worauf sollten Sie besonders achten? Wurfkiste und Auslauf von Golden Retriever-Welpen müssen sich in Sicht- und Rufweite des Wohnbereichs befinden, am besten direkt im Wohnbereich der Familie. So bekommen die Welpen das Alltagsleben von Anfang an mit und gewöhnen sich an Geräusche wie zum Beispiel Staubsauger, Telefon oder Kindergeschrei.

Der Auslauf braucht Tageslicht und eine Heizung, er sollte sauber sein, auch wenn sich bei bester Pflege nicht immer jedes „Häufchen" vermeiden lässt. Nach drei bis vier Wochen müssen die Welpen die Gelegenheit haben, ins Freie zu gehen. Ein Schutz vor schlechter Witterung ist dabei vorgeschrieben. Viele Züchter bringen die Welpen nachts in einem Hundehaus unter, andere bringen sie abends zurück in den Zimmerauslauf. Beide Möglichkeiten sind geeignet. Der Gartenauslauf sollte einem Abenteuerspielplatz ähnlich sein und viele optische und akustische Reizquellen bieten. Es ist wichtig, dass die Welpen Gelegenheit haben, unter Aufsicht des Züchters fremde Personen kennen zu lernen und auch vielleicht mit anderen Tieren (Katzen, Pferde, Kaninchen) Kontakt zu haben.

Es ist sinnvoll, dem Züchter etwa zwei Wochen vor dem Abholtermin eine Hundedecke zu bringen, die er in den Auslauf legen kann. Wenn Sie die Decke dann bei sich zu Hause auf den vorgesehenen Hundeplatz legen, wird sich Ihr Welpe im neuen Heim in den ersten Stunden und Tagen wohler fühlen, weil er den vertrauten Geruch nach Mutter und Geschwistern in der Nase hat.

Welpengrundausstattung

Wenn Sie einschlägige Kataloge durchblättern, können Sie viele nützliche Dinge, aber auch viel Überflüssiges darin entdecken. Ihr persönlicher Geschmack spielt sicher bei der Auswahl eine Rolle.

Was Sie unbedingt brauchen:
▶ Wasser- und Futternapf

Kaufen Sie zwei schwere, standfeste Näpfe, die in der Größe auch für den erwachsenen Hund passen. Eine einfache Plastikschüssel ist ungeeignet, weil die Welpen gerne darin herumplantschen und die Schüssel durch die ganze Küche schieben. Bewährt haben sich höhenverstellba-

Näpfe fürs Futter
und Wasser sollten stabil
und leicht zu reinigen
sein.

re Näpfe. Ein großer Hund sollte nicht von Boden-
höhe fressen, weil er dabei nach oben schlingen
muss. Stehen die wachsenden Hunde beim Fressen
mit durchgedrückten Beinen gerade, ist dies auch eine gute gymnastische Übung für die Körperhaltung.

▶ Halsband und Welpenleine
Bewährt haben sich circa ein Zentimeter breite Ny-
lon-Rips-Halsbänder mit einem Klickverschluss. Diese
Halsbänder reichen für den Junghund oft bis zu ei-
nem Alter von fünf oder sechs Monaten. Dazu gehört eine etwa ein
Zentimeter breite Leine mit einem leichten, aber sicheren Karabiner-
haken. Die Moxonleine, auch Retrieverstrick genannt, ist eine Würge-
leine ohne Stopp und daher für einen Welpen ungeeignet. Sie ist, mit
Anleitung und richtig eingesetzt, erst bei der Ausbildung von älteren
Hunden sinnvoll.

▶ Korb und Decke
Stürzen Sie sich am Anfang nicht in allzu hohe Unkosten, denn was
Ihr Retriever am liebsten mag, müssen Sie ausprobieren. Der Fachhan-
del bietet hier eine große Palette an:

- Kunststoffwanne mit Vetbed/Drybed (gut zu reinigen, auch bei Flohbefall, mindestens 80 x 100 cm)
- Kinderbett-Matratze mit Auflage (weich, Auflage waschbar, Golden
  kann ausgestreckt liegen)
- Weidenkorb (reizt zum Nagen, muss so groß gekauft werden, dass
  der Golden nicht nur zusammengekringelt liegen kann, also mindestens 80 x 100 cm)

TIPP
Schrauben Sie zwei Regal-
Lochschienen mit etwa 40 cm Länge an
die Wand und sägen Sie in ein Brett von
etwa 60 cm Länge und 30 cm Breite
zwei große runde Löcher, die im Durch-
messer genau zu Ihren Wasser- und
Futterschüsseln passen. Befestigen Sie
das Brett mit den Regalträgern an den
Lochschienen und hängen Sie die beiden Näpfe in die Löcher. Nun können
Sie die „Bar" in mehreren Stufen dem
Hundewachstum anpassen.

27

- Holzrost mit Auflage, Hundebett
- Kuschelkissen mit Styroporfüllung (Hund kann nicht ausgestreckt darauf liegen. Ausprobieren: Manche Golden Retriever nehmen diese Kissen nicht an, manche lieben es, darauf zu kuscheln)
- dicke, waschbare Decke auf dem Boden

TIPP

Keine Bürsten mit harten Metallzinken!

▶ Kamm / Bürste

Für den Welpen reicht eine weiche Bürste und ein Kamm, mit dem Sie verkrusteten Schmutz herauskämmen können.

▶ Spielzeug / Spieltau

Spielzeug muss welpensicher sein. Manches niedliche Stofftier verwandelt sich in Sekundenschnelle in Frau Holles Schneelandschaft, die Kleinteile können verschluckt werden und sind dann gefährlich! Verschluckte Weichplastikteile bilden im Magen durch die Säure harte Klumpen, die im schlimmsten Fall herausoperiert werden müssen. Spielzeug aus Naturkautschuk ist dagegen ungefährlich. Gerne spielt der Welpe mit einem Baumwollspieltau oder einem in einen alten Socken eingepackten Tennisball.

▶ Autozubehör

Fährt der Hund im Kofferraum des Kombis, gehört ein Vetbed als Unterlage auf die Ladefläche. Damit der Welpe nicht auf der ganzen Ladefläche hin- und herrutscht, brauchen Sie eine Autobox für den halben Kofferraum, die auch später sinnvoll verwendet werden kann, weil Sie Ihr Gepäck neben dem Hund laden können und ihm nicht die Reisetasche auf den Kopf fallen kann. Ebenso müssen Sie sich ein fest verankertes Sicherheitsgitter oder -netz anschaffen. Erkundigen Sie sich beim Hersteller Ihres Wagens danach. Fährt Ihr Welpe auf dem Rücksitz, schützen Sie sich und ihn durch einen speziellen Sicherheitsgurt, den Sie im Fachhandel bekommen.

Gummistiefel und Regenhut werden Ihnen sehr vertraut werden.

▶ Welpendummy und Pfeife

Für den Anfang brauchen Sie ein kleines Welpendummy, etwa 200 Gramm schwer und eine hörbare Pfeife mit Einfachpfiffton.

Die Auswahl des Welpen

Viele Bücher raten, man solle sich denjenigen Welpen aussuchen, der als Erster auf einen zurennt. Andere empfehlen komplizierte Welpentests. Aber: Lernen Sie die Welpen mit etwa zwei Wochen kennen, wenn sie noch in der Wurfkiste liegen, wird Ihnen keiner entgegenrennen. Später werden Ihnen alle Welpen gleichzeitig entgegenspringen, denn Golden Retriever-Welpen sind in aller Regel sehr kontaktfreudig und von jedem Besuch begeistert. Danach können Sie also nicht entscheiden. Stellen Sie sich darauf ein, dass Sie nicht die freie Wahl unter allen Welpen haben. Ihr Züchter kennt seine Hunde am besten und wird Sie bei der Wahl beraten. Sprechen Sie sich zum Beispiel mit ihm ab, ob Sie einen temperamentvollen oder einen ruhigeren Hund haben möchten. Dies hängt von Ihrer Familiensituation ab. Der Wunsch nach einer bestimmten Farbe (Golden Retriever gibt es von ganz hell/creme-farben bis dunkelgolden) ist zwar verständlich, sollte jedoch nicht im Vordergrund stehen. Ihr Züchter wird Verständnis dafür haben, dass Sie Ihren Hund so oft wie möglich sehen wollen und ihn auch gerne frei auswählen möchten, doch kann er nicht seine Hunde täglich einer anderen Familie für irgendwelche Charaktertests zur Verfügung stellen. Vertrauen Sie hier seiner

Von Mama lernt man nicht nur Gutes: Stöckchen kauen ist eigentlich nicht erlaubt.

Erfahrung. Es liegt ja auch in seinem Interesse, dass Sie genau den Hund bekommen, der zu Ihrer Familie und zu Ihrer Lebenssituation passt. Wenn Sie sich jedoch mit dem Ihnen zugedachten Welpen überhaupt nicht anfreunden können, wenn er Ihr Herz gar nicht anspricht, Sie Ihren „Wunschwelpen" aber auch nicht bekommen können, dann sollten Sie sich ernsthaft überlegen, ob Sie nicht besser auf einen anderen Wurf warten oder zu einem anderen Züchter gehen sollen.

Kaufvertrag

Wenn Sie Ihren Welpen abholen, werden Sie mit dem Züchter einen schriftlichen Kaufvertrag abschließen. Der Kauf eines Hundes unterliegt dem BGB (Bürgerliches Gesetzbuch). Sie versichern dabei, dass Sie in der Lage sind, einen Hund artgerecht zu halten und zu erziehen. Der Züchter garantiert Ihnen die Zuchtreinheit des Welpen und den Eintrag ins Stammbuch der Rasse. Weitere Vereinbarungen zwischen Züchter und Käufer werden ebenfalls im Kaufvertrag festgehalten.

Linke Seite: Eichhörnchen jagen gehört sich eigentlich nicht. Aber ab und zu vergisst auch ein gut ausgebildeter Golden seine Erziehung.

Wunschtraum und Wirklichkeit

Jeder Welpenkäufer verbindet mit dem Erwerb eines Retrievers die Hoffnung auf einen gesunden, schönen Hund, der alle guten Charaktereigenschaften eines Golden Retrievers in sich vereinigt. Bestärkt wird dies durch viele Rassebeschreibungen, die dem Retriever verschiedene typische Eigenschaften zuschreiben. Selbst in der Werbung verkörpert der Golden den stets treuen Begleiter und sanften, duldsamen Kinderhund.

Was aber ist, wenn sich diese Erwartungen im einen oder anderen Bereich nicht erfüllen? Er könnte kränkeln, ängstlich sein oder in seinem Äußeren nicht den gängigen Vorstellungen entsprechen. Was, wenn Ihr Hund kein Schmusetier ist und sich nicht gerne von Ihren Kindern streicheln lässt? Bei seiner ersten Prüfung versagt er vielleicht, weil er schussempfindlich reagiert oder mit Ihrer Aufregung nicht klarkommt. Er könnte aggressiv und streitsüchtig sein und keine Gelegenheit auslassen, sich auf andere Hunde zu stürzen.

Können Sie mit dem Gedanken leben, dass es den „idealen" Golden Retriever gar nicht gibt? Bringen Sie die Zeit und die Geduld auf, mit ihm zusammen an seinen Schwächen zu arbeiten und sind Sie notfalls bereit, ein ganzes Hundeleben lang mit diesen Schwächen zu leben und sie zu akzeptieren?

Der Welpe kommt nach Hause

Ab dem Moment, in dem Sie den Kaufvertrag unterschrieben haben und den Kaufpreis für Ihren Hund bezahlt haben, gehört er Ihnen mit allen Rechten und Pflichten. Aus dem niedlichen Hundebaby wird im Laufe weniger Monate eine eigenständige Hundepersönlichkeit, an deren Entwicklung Sie maßgeblich beteiligt sind.

Abholen

Meist werden Sie Ihren Welpen mit dem Auto abholen. Sie sollten dafür zu zweit sein.

Einigen Sie sich mit Ihrer Familie vor der Fahrt, wer mitfährt und wer den Welpen auf der Fahrt betreuen wird. Eine laut streitende Familie wäre keine gute Erfahrung für Ihr neues Familienmitglied. Der beste Platz im Auto ist der Fußraum vor dem Beifahrersitz. Eine andere Möglichkeit ist, dass der Beifahrer den Welpen auf den Schoß nimmt. Nicht geeignet ist der Kofferraum eines Kombis, auch wenn Sie Ihren Welpen später dort transportieren möchten. Der Kleine würde bei jeder Kurve von einer Ecke zur anderen rutschen und ihm würde mit Sicherheit speiübel werden. Es ist wichtig, dass Ihr Hund auf der ersten Fahrt keine schlechten Erfahrungen macht! Sind Sie länger unterwegs und müssen auf der Heimfahrt eine Pause machen, muss Ihr Welpe an Halsband und Welpenleine. Die Geräusche auf einem lebhaften Autobahnparkplatz und auch sonst alles Neue könnten ihn so erschrecken, dass er in Panik davonrennt und zu Schaden kommt. Sprechen Sie die Abholzeit mit dem Züchter ab. Er wird den Welpen dann nicht kurz vorher füttern. Wenn Sie Ihren Hund frühmorgens abholen, hat er den ganzen Tag Zeit, sein neues Zuhause kennen zu lernen.

Falls Sie Ihren Welpen mit der Bahn oder dem Flugzeug holen, muss er in der Regel in einer Transportbox befördert werden, an die ihn der Züchter schon etwas gewöhnen kann. Auch hier hilft, eine vertraut riechende Decke in die Box zu legen.

> **TIPP**
> Nehmen Sie eine alte Decke und eine Rolle Küchentücher mit, falls es Ihrem Kleinen übel wird.

Wie trägt man einen Welpen?

Weil Golden Retriever ein schweres Knochengerüst haben, ist beim Hochheben und Tragen die unterstützende Hand am Hinterteil des Welpen unbedingt nötig. Mit der einen Hand stützen Sie den Brustkorb zwischen den Vorderbeinen ab, die andere Hand trägt das Gewicht des Welpen sicher am Hinterteil. Nicht erlaubt ist das Hochheben an den Vorderbeinen, da die Gelenke sehr empfindlich sind. Sie sollten den Welpen auch nicht wie einen Mehlsack auf der Schulter tragen, da Sie ihn bei einer schnellen Bewegung des Welpen nicht halten können. Auf unerwartete Reaktionen des Kleinen sollten Sie stets gefasst sein. Genauso ungeschickt ist es, wenn Sie den Welpen wie ein Baby auf dem Rücken liegend in den Armen halten. Sie können den strampelnden Welpen auf diese Art nur schlecht fest halten.

Der richtige Griff – die eine Hand stützt die Brust und den Bauch, die andere das Hinterende. So fühlt sich der Welpe rundum sicher.

Die erste Begegnung mit der neuen Familie

Stürzen sich alle Familienmitglieder einschließlich der Nachbarskinder begeistert auf den Welpen, müssen Sie damit rechnen, dass er sich vor lauter Schreck unter dem Sofa verkriechen wird. Lassen Sie dem Welpen Zeit, Schritt für Schritt seine Umgebung und die dazu gehörenden Menschen oder Tiere kennen zu lernen. Ihr Welpe sollte schon bei seiner Ankunft im neuen Heim seinen Löseplatz zugewiesen bekommen. Setzen Sie ihn dort ab und warten Sie, bis er sich löst (pinkelt oder Häufchen macht). Loben Sie ihn dafür überschwänglich. Danach bringen Sie ihn ins Haus und zwar in das Zimmer, das er als erstes entdecken darf. Von dort aus wird er sich seine Welt schrittweise erobern. Am besten lassen Sie ihn dort erst einmal in Ruhe. Wilde Tobespiele würden ihn jetzt eher erschrecken und die Begegnung mit der fauchenden Hauskatze würde ihn ziemlich in Verwirrung bringen. Zunächst einmal wird er jetzt sowieso Hunger haben, vor allem, wenn Sie ihn ohne „Frühstück" abgeholt haben. Dass Sie ihm zu fressen geben, wird für ihn eine positive Erfahrung sein. Streicheln Sie ihn sanft und reden Sie ruhig mit ihm, damit er merkt, dass er nicht alleine ist.

34

Die ersten Nächte

Ein Golden Retriever möchte ganz nah bei seinen Menschen schlafen. Warum also nicht im Schlafzimmer vor dem Bett? Später wird er sich mehrere Schlafplätze im Haus suchen. Es ist auch möglich, ihm später einen Platz an geeigneter Stelle zuzuweisen. Bleibt der Welpe die ersten Nächte im Schlafzimmer, hat dies einen entscheidenden Vorteil: Sie hören, wenn er unruhig wird und hinaus muss. Dann bleibt Ihnen nur, sich schnellstens in Pantoffeln und Bademantel zu hüllen und ihn vor die Tür zu bringen. Aus diesem Grund eignen sich die Zimmer Ihrer jüngeren Kinder nicht für die ersten Nächte. Ihre Kinder schlafen meist fester als Sie und wachen nicht auf, wenn der Welpe leise Zeichen der Unruhe von sich gibt. Die Kinder sind dann auch nicht schnell genug auf den Beinen, um den Welpen nach draußen zu bringen. Wenn Ihr Hund nicht ins Schlafzimmer darf oder nachts nicht im Schlafbereich der Familie sein soll, gibt es nur eins: Sie müssen für die ersten Nächte zum Welpen umziehen und notfalls auf dem Sofa oder einer Matratze in der Nähe des Hundes schlafen.

Nicht erlaubt ist, einen Golden Welpen in die Küche zu sperren oder ihn sonst irgendwie so zu isolieren, „dass er nichts anstellen kann". Er wird sich sehr verlassen fühlen und sein vorhandenes Vertrauen zu den Menschen bekäme den ersten Bruch. Wenn er in Ihrer Nähe und dazu auf der Decke liegen darf, die nach Mutter und Geschwistern riecht, wird er sich ganz geborgen fühlen. Die Mühe, die Sie sich in den ersten Nächten geben, zahlt sich aus, denn aller Erfahrung nach fiepen Welpen, die so in der Nähe der Menschen betreut werden, auch in ihrer ersten Nacht nicht oder nur ganz wenig.

Sauberkeitserziehung

Zum Trost sei Ihnen gesagt: (fast) jeder Golden Retriever wird einmal stubenrein, der eine früher, der andere etwas später. In der ersten Zeit muss Ihr Welpe dauernd. Nach jedem Fressen, nach jedem Aufwachen, beim Spielen, bei jeder Begrüßung, bei jeder kleinen Aufregung – stets muss er pinkeln, im Schnitt alle zwei bis drei Stunden, beim Spiel auch öfter. Für Sie heißt das, den Hund ständig im Auge zu haben.

TIPP Wenn Sie in der Wohnung in Türnähe ein paar Lagen alte Zeitungen ausbreiten, nimmt der Welpe häufig diese Ecke als Notfall-Löseplatz an. Dass dies nur ein Notbehelf für die erste Zeit sein kann und Sie trotzdem tagsüber mit Ihrem Welpen nach draußen gehen müssen, ist selbstverständlich.

Stellen Sie sich deshalb in den ersten Nächten einen Wecker, packen Sie Ihren schlafenden Welpen und setzen Sie ihn auf den Löseplatz. Er wird Sie schlaftrunken anblinzeln und dann, weil er gar nicht anders kann, sein Pfützchen machen. Wird er vorher unruhig, hat natürlich

35

das Bedürfnis des Welpen vor dem Wecker Vorrang. Wenn etwas daneben geht, hat nicht der Hund schuld, sondern Sie waren zu langsam. Strafe wäre unangebracht und der Welpe würde sie nicht verstehen. Reinigen Sie die Stellen, an denen das Unglück passiert ist, mit Essigwasser oder geeigneten Putzmitteln, denn die unbehandelte Stelle reizt den Welpen, sie wieder zu benutzen.

Es lohnt sich für Sie, wenn Sie in den ersten Wochen stets zu Hause und um den Welpen herum sein können. Von Tag zu Tag werden Sie Ihr Auge mehr schulen und Sie sehen ihm an, wenn er „muss". Bei jedem Anzeichen tragen Sie ihn an den Löseplatz. Er schafft es noch nicht, zu Fuß den Weg zu gehen und würde auf dem Weg bereits „undicht" werden. Am Löseplatz setzen Sie ihn ruhig nieder und warten auf das große Ereignis. Machen Sie dabei keine große Action, denn der Hund soll nicht auf Entdeckungsreisen gehen, damit er nicht von seinem wichtigen Geschäft abgelenkt wird. Es soll Hunde geben, die stundenlang draußen unterwegs sind, keine Zeit finden, sich zu lösen und sich dann nach der Rückkehr in die Wohnung sofort in Ruhe auf dem Teppich versäubern.

Es ist durchaus möglich und immer hilfreich, ihm ein Kommando für „Sich lösen" beizubringen. Jedes Mal, wenn der Welpe am Löseplatz pinkelt oder Häufchen macht, sagen Sie den dafür vorgesehenen Begriff („Pssssss!" – „Mach dein Pfützchen!") in einem sehr freundlichen, stets gleichen Tonfall. Er wird diesen Begriff schnell mit dem Löseplatz und mit dem verbinden, was er dort tut. Später können Sie ihn dann an anderen Stellen auf Befehl sich lösen lassen. Das kann auf Urlaubsreisen oder bei Ausstellungen überaus nützlich sein.

Schlaf- und Ruheplätze

Ihr Golden braucht in der Wohnung einen eigenen Ruheplatz, an den er sich auch einmal zurückziehen kann. Der Liegeplatz sollte etwas abseits der Durchgangsflächen und der Familienaktivitäten liegen, aber nicht so abseits, dass sich der Golden ausgeschlossen fühlt. Wo Ihr Golden am liebsten liegt, werden Sie im Laufe der Zeit merken. Kommen Sie ihm entgegen und legen Sie seine Decke an diese Stelle. Falls Sie dabei ständig über ihn stolpern, sollten Sie ihm vielleicht einen anderen Platz geben.

Bringen Sie Ihren Welpen immer mal wieder für kurze Zeit auf den ihm zugedachten Liegeplatz. Am besten geht dies, wenn der Welpe müde vom Spaziergang ist, sich nach der Mahlzeit ausruhen möchte oder sich müde gespielt hat. Begleiten Sie dies mit einem passenden Kommando, zum Beispiel „geh Decke". Der Liegeplatz soll zugfrei sein und gut zu reinigen, weil viele Golden nach dem Spaziergang nass und verschlammt nach Hause kommen. Weiße Tapeten nehmen dies manchmal übel ... Natürlich wird sich Ihr Golden darüber hinaus noch weitere Schlafplätze suchen, sei es im Sandkasten im Garten oder auf den kühlen Fliesen im Flur. Eine Fußbodenheizung lieben die meisten Golden weniger.

Spielen

Golden Retriever spielen am liebsten mit und in der Nähe ihrer Menschen. Spiel- und Streichelstunden sind für Ihren Hund genauso wichtig wie für Sie. Im gemeinsamen Spiel können Sie das Wesen Ihres Welpen kennenlernen. Ist er ein eher zurückhaltender Hund oder ein kleiner Draufgänger? Reagiert er auf Ungewohntes hektisch und unsicher oder bringt ihn überhaupt nichts aus der Ruhe? Im Spiel und beim Streicheln erleben Sie Ihr Hund in entspannter Situation ohne Leistungsdruck. Beobachten Sie, wie Hunde untereinander spielen und lernen Sie, ohne Gegenstände mit Ihrem Welpen auf ähnliche Art zu spielen.

Legen Sie sich doch einmal zum Welpen auf den Boden, lassen Sie sich beknabbern und kraulen Sie im Gegenzug den Hund mit der Hand. Dabei sollten Sie auch hier einige Spielregeln aufstellen und diese vor allem mit Ihren Kindern absprechen.

Achten Sie darauf, dass der Welpe nicht in Ihre Hände oder Kleidung beißt. Die Beißhemmung gegenüber den Menschen muss erlernt werden. Wird der Welpe zu grob oder das Spiel zu wild, so brechen Sie es sofort ab und beachten Sie den Hund

> **TIPP**
>
> Beim Spielen:
> - auf rutschigem Boden keine Tobespiele mit abrupten Bremsbewegungen
> - in gefährlichen Ecken wie Treppenabsätzen keine Rennspiele
> - in der Wohnung keine Bälle werfen
> - es muss nicht immer und überall gespielt werden.

nicht mehr. Notfalls gehen Sie kurz aus dem Zimmer und lassen den Welpen einfach stehen. Lautes Schimpfen oder Wegstoßen führt in der Regel dazu, dass sich Ihr Kleiner noch mehr aufregt und noch wilder an Ihrer Kleidung hängt.

Sie müssen auch nicht immer mit dem Golden spielen oder ihn streicheln, wenn er Sie dazu auffordert. Wird er aufdringlich und bellt, so ignorieren Sie ihn, bis er Sie in Ruhe lässt. Ignorieren heisst: nicht beachten, nicht anschauen, nicht mit ihm reden. Auch die erwachsenen Hunde im Rudel lassen sich von einem Welpen nur dann zum Spielen oder zu Sozialkontakten verführen, wenn sie selbst Lust dazu haben.

37

Dabeisein – Alleinbleiben

Der Golden Retriever würde Sie am liebsten auf Schritt und Tritt begleiten, angefangen vom morgendlichen Gang in die Dusche bis zur Fahrt ins Büro. Klären Sie ab, ob Ihr Golden Sie zur Arbeit begleiten kann, die Regel ist es nicht. Erziehen Sie Ihre Kollegen dazu, den Welpen nicht zu füttern und ihn möglichst wenig zu beachten. Keiner hat später gerne einen vierzig Kilo schweren Hund auf dem frisch gebügelten Kostümrock sitzen oder liebt einen Pfotenabdruck auf dem weißen Hemd. Auch sonst will er Sie bei verschiedenen Ausgängen begleiten: Einkaufen, Kinder vom Sportunterricht abholen, Besuche bei Freunden, Familienfeste, Urlaubsreisen, vieles ist mit dem gut erzogenen Golden möglich.

Dennoch sollte der Welpe lernen, für kurze Zeit alleine zu bleiben. Lassen Sie ihn zunächst für ein paar Minuten alleine, wenn er schläft. Bleiben Sie aber in der Nähe. Sie könnten den Mülleimer hinausbringen oder kurz in die Waschküche gehen. Dehnen Sie diese Zeit dann immer mehr aus. Geben Sie ihm eine Beschäftigung für die Zeit des

Alleinseins, etwas zum Nagen oder ein in eine Schachtel verpacktes Leckerchen. Wenn Sie weggehen, verabschieden Sie sich nicht mit großem Aufwand von Ihrem Welpen. Wenn Sie wiederkommen, tun Sie dies ohne großartige Begrüßungszeremonie. Ihr Hund entwickelt das Vertrauen, dass Sie ja immer wiederkommen. Begrüßen Sie ihn nach einer längeren Zeit des Alleinseins nicht stürmischer als nach fünf Minuten.

Sozialisierung – Verständigung mit der Umwelt

Ihr Welpe ist in den ersten Wochen besonders aufnahmefähig für neue Reize. Alles, was er jetzt in Ruhe und mit Gelassenheit kennen lernt, ist ihm später vertraut und er wird sich davor weniger ängstigen. Negative Erlebnisse, die er durch Üben unter Zeitdruck, Stress oder Ähnliches bekommt, prägen sich ihm deshalb ebenfalls gut ein.

Golden sind zwar sehr neugierige, aber sensible Hunde. Es ist vollkommen normal, wenn sich Ihr Welpe in manchen neuen Situationen ängstlich verhält. Wie sollten Sie reagieren, wenn Ihr Golden ausweicht, bellt oder in Panik an der Leine zerrt? Nicht mit Streicheln und „Beruhigen", so verständlich das von Ihnen aus auch wäre. Ihr Welpe fasst Ihr liebevolles Zureden als Lob oder zumindest als Zustimmung für sein ängstliches Verhalten auf. Werten Sie daher das „Angstobjekt" nicht auf durch zu viel Beachtung und Aufmerksamkeit. Wenn Sie stehen bleiben und Ihrem Welpen mit sanfter Stimme erklären, dass dies doch ein besonders schöner Mülleimer sei, dann beruhigt dies höchstens Ihre Nerven. Für Ihren Welpen bleibt es trotzdem ein fürchterliches Ungeheuer, das da plötzlich im Weg steht. Schimpfen Sie aber auch nicht mit dem Welpen, werden Sie nicht ungeduldig und zerren Sie nicht an ihm herum. Er fühlt sich ja schon ängstlich und unsicher und wenn Sie sich jetzt auch noch aufgebracht verhalten, bestätigt ihn dies darin, dass die ganze Situation tatsächlich bedrohlich ist. Helfen Sie Ihrem Hund in solchen Situationen, indem Sie sich völlig ruhig und gelassen verhalten. Sie sind sein großes Vorbild, an dem er sich orientieren kann. Zeigt der kleine Golden nur leichte Unsicherheit, reicht es oft aus, wenn Sie ruhig, bestimmt und zügig weitergehen, notfalls zunächst in einiger Entfernung am Angstobjekt vorbei. Loben Sie den Kleinen überschwänglich, wenn er mit Ihnen mitkommt. Sie können dann bei weiteren Runden in den nächsten Tagen immer näher an das betreffende Objekt herangehen, bis Sie und Ihr Hund ganz gelassen davor stehen. Damit ist die Angelegenheit in aller Regel erledigt und Ihr Hund hat ein Stück Lebenserfahrung gewonnen.

> Der vielzitierte Welpenschutz wird Ihren Welpen nicht vor unliebsamen Begegnungen bewahren. Welpenschutz bedeutet nur, dass der Welpe im eigenen Rudel bestimmte Verhaltensweisen zeigen darf, die bei einem erwachsenen Hund nicht geduldet werden und dass bei Zurechtweisungen nur gehemmt zugebissen wird. Ein rudelfremder Welpe kann dagegen angegriffen oder ernsthaft verletzt werden.

Auch Begegnungen mit anderen Hunden laufen nicht immer problemlos ab. Es ist völlig normal, wenn ein erwachsener Hund entrüstet auf die stürmische Annäherung eines Welpen reagiert und diesen zunächst laut knurrend zurückweist. Viele Welpen reagieren darauf mit lautem Geschrei. Dies bedeutet aber nicht zwangsläufig, dass der Welpe jetzt verletzt wurde. Es handelt sich einfach um eine Geste der Unterwürfigkeit gegenüber dem erwachsenen Hund. Lassen Sie den älteren Hund einfach gewähren und mischen Sie sich nur dann ein, wenn die Spiele zu heftig werden. Ist vom älteren Hund bekannt, dass er bereits andere Hunde verletzt hat oder Welpen überhaupt nicht leiden kann, meiden Sie den Kontakt von vornherein.

Trösten Sie Ihren Welpen auch nicht, wenn er bei der Annäherung anderer Hunde bei Ihnen Schutz sucht. Bleiben Sie stehen und verhalten Sie sich neutral. Nach einiger Zeit können Sie einfach weitergehen und den Welpen mitrufen. So lernt er, dass er unangenehmen Begegnungen auch aus dem Weg gehen kann.

Rangordnung im Mensch-Hund-Rudel

Auch wenn das Mensch-Hunde-Rudel mit dem natürlichen Rudel nicht zu vergleichen ist, die Fähigkeit, sich einzugliedern, ist dem Hund in die Wiege gelegt und ein Bedürfnis. Eine klare Rangordnung gibt einem selbstbewussten Hund feste Linien und Grenzen vor und einem unsicheren Hund ein Grundgerüst, in dessen Grenzen er sich sicher und geschützt bewegen kann.

Alle menschlichen Familienmitglieder sollten die höhere Rangposition einnehmen. Chef werden Sie nicht durch lauten Kommandoton, ständige Befehle oder grobe Handgreiflichkeiten. In einer geklärten Rudelordnung hat es ein guter Rudelführer nicht nötig, ständig mit Gewalt und Druck seine Position zu verteidigen. Wann Sie sich mit Ihrem Hund beschäftigen, sollten immer Sie bestimmen. Sie entscheiden, wann, wie lange und wo Spiel- oder Schmusestunden stattfinden. Wenn Sie ständig aufdringlichen Spielaufforderungen Ihres Golden nachgeben, haben Sie zugelassen, dass Ihr Hund an Ihrer Führungsposition kratzt.

Legen Sie im Familienrat fest, was Ihrem Hund erlaubt ist und was nicht. Eine klare Linie hilft Ihrem Welpen von Anfang an, Sie und bestimmte Situationen richtig einschätzen zu können. Unklare Anweisungen verunsichern. Verbieten Sie ihm lieber gleich und konsequent all das, was nicht erwünscht ist.

Der Rudelchef geht zuerst durch die Tür, der Hund sollte ohne Kommando hinter ihm bleiben.

Kinder und der Golden Retriever

Oft gibt gerade die Kinderfreundlichkeit den Ausschlag dafür, dass die Wahl auf einen Golden Retriever fällt. Oft sind Goldens sehr duldsam im Umgang mit Kindern und lassen sich viel gefallen: Kinder dürfen ihnen Bälle aus dem Maul nehmen, am Fell ziehen, drübersteigen und sie an der Leine herumziehen. Diese Hunde müssen Sie eher vor allzu aktiven Kindern schützen. Viele Retriever fühlen sich durchaus wohl in Gegenwart von verständigen Kindern. Sie lassen sich gerne streicheln, schauen beim Spielen zu und lassen Spielzeugautos zwischen ihren Vorderpfoten einparken. Andere Golden haben es jedoch überhaupt nicht gerne, wenn sie ständig fest gehalten, gestreichelt oder aus dem Schlaf geweckt werden. Sie wollen eher ihre Ruhe haben, Kinder finden sie lästig und das „Schmusetier" aus der Werbung wollen sie schon überhaupt nicht sein.

TIPP
Kleine Kinder sollten Sie mit dem Hund, auch wenn er noch so lieb sein sollte, nicht unbeaufsichtigt lassen.

Setzen Sie Ihren Kindern und auch allen Besucherkindern feste Regeln für den Umgang mit dem Hund. Kleinkinder verstehen nicht, weshalb sie dem Hund nicht in der Nase bohren oder ihn kräftig am Schwanz ziehen dürfen. Und auch der duldsamste Retriever wird irgendwann Nerven und Geduld verlieren, wenn er ständig so behandelt wird. Wird er zu sehr bedrängt, kann er in seiner Hundesprache signalisieren, dass er jetzt genug hat. Kleine Kinder können diese Zeichen nicht deuten und brauchen dazu die Übersetzung durch die Erwachsenen. Werden diese

Unter Anleitung Erwachsener wird der Spaziergang für die Kinder zum Erlebnis.

Zeichen nicht erkannt, bleibt dem Hund oft nichts anderes übrig, als zuzubeißen. Solche Fälle machen dann in den Zeitungen Schlagzeilen.

Golden sind als Welpen und heranwachsende Hunde oft sehr tollpatschig und ungeschickt. Sie springen im Spiel an den Kindern hoch und werfen sie dabei um. Auch der erwachsene Golden kann ein Kind bei einer allzu stürmischen Begrüßung erschrecken.

Mit dem Hund alleine spazieren gehen – der Wunschtraum aller Kinder – muss leider meist ein Wunschtraum bleiben. Ein Golden Retriever-Rüde kann über 40 kg schwer werden, die Hündinnen wiegen etwa 30 bis 35 kg. Kein Kind ist körperlich in der Lage, einen solch schweren Hund zu halten, wenn dieser sich in den Kopf gesetzt hat, eigene Wege zu gehen. In Begleitung von Erwachsenen können die Kinder durchaus mit ihrem Hund spazieren gehen, doch im Notfall muss der Erwachsene mit helfender Hand zugreifen, um Hund und Kind vor Unfällen zu bewahren.

Werden diese Regeln beachtet, können viele Golden Retriever zum wunderbaren Freund und Gefährten Ihrer Kinder werden, die lernen, schrittweise Verantwortung zu übernehmen, indem sie zunächst unter Ihrer Anleitung bei der Pflege und Fütterung mithelfen und somit ein Gespür dafür entwickeln, welche Bedürfnisse ein Hund hat.

> **Wie zeigt der Hund, dass er sich bedrängt fühlt?**
> ● Wegschauen
> ● Weggehen
> ● Körperanspannung
> ● Starrer Blick
> ● Knurren

Welpentrainingsgruppen

Auch wenn Sie sich zutrauen, Ihren Welpen alleine großzuziehen, raten wir Ihnen dennoch, eine gut geführte Welpengruppe zu besuchen.

Bietet Ihr Züchter eine Wurfbetreuung an, treffen Sie hier meist nur die Wurfgeschwister an. Hier kennen sich die Welpen untereinander, alle sind gleich alt und gleich groß, dies ermöglicht ein ausgeglichenes Spielen. In gemischten Welpengruppen treffen Hunde aller Rassen zusammen. Bei der Zusammenstellung dieser Welpengruppe ist wichtig, dass sich die Hunde in Alter und Körperstärke nicht zu sehr unterscheiden. Der Gruppenleiter muss das unterschiedliche Spiel der verschiedenen Rassen richtig einschätzen und dementsprechend lenkend eingreifen. Eine vernünftig geführte Welpenspielgruppe basiert auf vier Säulen.

> **TIPP** Welpen-Krabbel-Gruppen werden angeboten von den Züchtern, den Retrieververeinen und privaten Hundeschulen.

Gemeinsames Spielen der Welpen sollte das Hauptthema sein. Wenn Sie Ihren Welpen abholen, reißen Sie ihn aus dem vertrauten Familienverband heraus und nehmen ihm zunächst die Möglichkeit, sich mit Artgenossen auseinanderzusetzen und mit den gleichaltrigen Geschwistern zu spielen. Kein Mensch kann dieses innerartliche Spiel und das

43

Einüben von sozialen Verhaltensweisen anderen Hunden gegenüber ersetzen, mag er sich auch noch so sehr darum bemühen. Erschrecken Sie nicht, wenn es beim Spiel einmal härter zur Sache geht. Welpen quieken schon mal los und schreien Alarm, ohne dass etwas Fürchterliches passiert sein muss. Im Spiel übt der Welpe alles, was er als erwachsener Hund brauchen wird, körperliche Geschicklichkeit, Kraft, Training der Sinnesorgane oder Reaktionsschnelligkeit.

Sich mit Unbekanntem auseinanderzusetzen, ist die zweite Säule der Ausbildung. Dazu gehören ein abwechslungsreiches Übungsgelände mit der Möglichkeit, Wasser, flatternde Planen oder fremde Gegenstände, die wie zufällig mitten auf der Rasenfläche abgelegt werden, kennen zu lernen. Für Welpen, die noch keinen vollständigen Impfschutz haben, findet dies im umzäunten Grundstück statt.

In der Welpengruppe lernen Sie unter fachlicher Anleitung, wie Sie Ihrem Welpen die Grundkommandos beibringen können, ohne Druck und Stress, spielerisch mit viel Lob, aber korrekt. Auch die Beziehung zwischen Hund und Besitzer wird durch entsprechende Übungen gefördert. Ihr Welpe kann lernen, sich Beute aus dem Maul nehmen zu lassen oder sich geduldig an den Pfoten, den Ohren oder den Zähnen untersuchen zu lassen. Diese Dinge erleichtern Ihnen den täglichen Umgang mit dem Hund.

Viele Neu-Hundebesitzer kommen zum ersten Welpentreffen bleich, übernächtigt und sehr verunsichert, da sich der Alltag mit dem Welpen anders gestaltet, als man sich das so vorgestellt hatte. Wenn Sie merken, dass es anderen genauso geht, schrumpfen viele große Probleme von alleine zusammen und wenn Sie darüber hinaus im Gruppenleiter noch einen kompetenten Ansprechpartner haben, können Sie Ihre Alltagsprobleme besser einschätzen.

Entwicklung im ersten Lebensjahr

Mit vier bis fünf Monaten ist aus dem wuschligen Fellknäuel ein schlaksiger Junghund geworden, bei dem die langen Beine und die überlange Rute nicht mehr zum Rumpf zu passen scheinen. Am einst runden Welpenkopf ist der Fang in die Länge gewachsen und die Ohren scheinen bis auf den Boden zu reichen. Keine Sorge – das gibt sich wieder. Golden Retriever wachsen wie andere Rassen oft ungleichmäßig – es gibt Wochen, in denen Ihnen Ihr Junghund hinten höher erscheint als an der Schulter. Nach wenigen Wochen sind die Vordergliedmaßen nachgewachsen und der Rücken ist wieder gerade. Gerade im zweiten Vierteljahr seines Lebens macht der Golden eine rasante Entwicklung durch. Pro Woche nimmt er im Schnitt ein Kilo zu und mit fünf Monaten und etwa 20 kg ist meist der Zeitpunkt gekommen, an dem Sie Ihren Hund nicht mehr länger tragen können.

Besonders in der Zeit des starken Wachstums sind Knochen und Gelenke sehr anfällig für Verletzungen. Überanstrengung des kleinen Hundes sollte unbedingt vermieden werden. Verhindern sollten Sie vor allem, dass Ihr Welpe abrupte Bremsbewegungen beim Spiel macht oder über Absätze und Treppenstufen abwärts springt. Das Treppensteigen sollten Sie nun üben, aber an der Leine und kontrolliert! Und wenn es Ihnen noch so schwer fällt – auch wenn Ihr Junghund Sie beim Spazierengehen über weitere Strecken begleiten würde, halten Sie Maß in Länge und Laufgeschwindigkeit.

Zwischen dem dritten und vierten Monat beginnt der Zahnwechsel. Keine Panik, wenn Ihr Welpe nach einer Spielrunde mit einem anderen Hund blutig zu Ihnen zurückkommt. Die Milchzähne werden locker und von den nachwachsenden bleibenden Zähnen nach außen geschoben. Im Spiel bleibt oft einer der Milchzähne im Fell des Spielpartners hängen. Es ist auch normal, dass ein paar Tage lang Zähne in doppelter Reihe im Kiefer stehen. Nur wenn einer der Milchzähne auch über längere Zeit nicht ausfallen will, muss der Tierarzt ihn herausziehen. Wichtig ist es, dem Junghund während der Zeit des Zahnwechsels genügend Nageartikel zu geben.

Mit einem Dreivierteljahr hat ein Golden meist seine endgültige Schulterhöhe erreicht. Nur manchmal schieben die Hunde noch ein bis

45

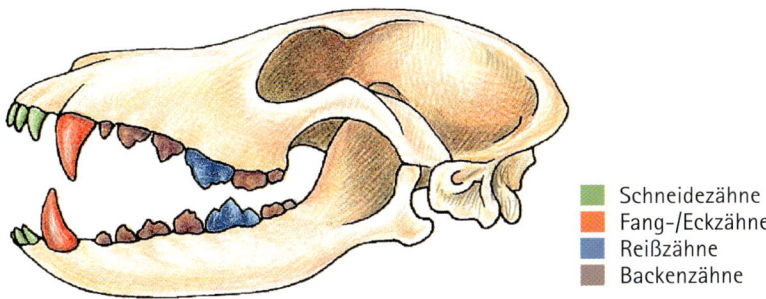

■ Das Gebiss des erwachsenen Hundes

■ Schneidezähne
■ Fang-/Eckzähne
■ Reißzähne
■ Backenzähne

zwei Zentimeter nach. Allerdings kann es bis zum dritten Jahr dauern, bis ein Golden auch in Brusttiefe und Substanz endgültig ausgereift ist. Golden Retriever brauchen viel Zeit für ihre Entwicklung. Bis zum dritten Jahr, manchmal auch länger, kann es auch dauern, bis der Golden seine endgültige Fellfärbung hat. Mit jedem Fellwechsel werden die Golden dunkler, auch ganz helle Welpen werden oft als erwachsene Hunde mittelgolden. Die Färbung der Behänge kann Ihnen hier einen Anhaltspunkt geben, weil sie sich schon früh in der späteren Farbe zeigen.

Wann ein Rüde zum ersten Mal das Bein hebt und eine Hündin läufig wird, ist sehr unterschiedlich, ist meist aber im ersten Lebensjahr der Fall. Die geschlechtliche Reife geht mit einer Flegelphase einher, in der Ihr vorher so lieber Junghund plötzlich nicht mehr zu hören scheint, was Sie sagen. Auch hier kein Grund zur Sorge – diese Phase geht vorüber! Sie dürfen allerdings nicht alle Untugenden durchgehen lassen und Ihren Golden ständig mit der „Pubertät" entschuldigen. Wenn Ihr Rüde das Bein hebt und die Hündin das erste Mal läufig war, können Sie bei den Retrieververeinen den Wesenstest machen.

■ Linke Seite: Dieser Welpe wird später problemlos über Gittertreppen und Lichtschächte gehen.

Wesenstest

Der Wesenstest (DRC) oder die Feststellung der Wesensveranlagung (GRC) macht Aussagen über die charakterlichen Anlagen des jungen, aber bereits geschlechtsreifen Retrievers. Das Wesen eines Hundes ist immer das Ergebnis des Zusammenspiels von Erbanlagen und Umwelterfahrungen. Geprüft werden die Schussfestigkeit, das Verhalten des Hundes gegenüber optischen und akustischen Einflüssen, die Beziehung zum Besitzer und das Verhalten gegenüber fremden Personen. Für den Züchter gibt der Wesenstest seiner Nachzucht Aufschluss über die Anlagen eines Wurfs, der einzelne Hundebesitzer kann sich dadurch vielleicht manche Verhaltensweisen seines Golden besser erklären.

47

Gesundheit

■ Rechte Seite:
Golden sind meist
mustergültige Patienten.

Jeder wünscht sich einen stets gesunden Hund, der den Tierarzt nur zum jährlichen Impftermin sieht. Sie selbst können einiges zur Gesundheitsvorsorge Ihres Golden beitragen.

Besuche beim Tierarzt

Als kompetenter Partner Ihres Tierarztes sollten Sie sich angewöhnen, Ihren Hund im Alltag gut zu beobachten. Dann können Sie rechtzeitig Veränderungen feststellen, die Ihnen vielleicht Anlass zur Besorgnis geben. Es ist sinnvoll, den Welpen schon mit acht bis zehn Wochen dem Tierarzt vorzustellen. Bei seinem nächsten Besuch im Alter von etwa zwölf Wochen bekommt er die erforderlichen Impfungen.

Wenn sich Ihr Golden offensichtlich nicht wohl fühlt, helfen Sie Ihrem Tierarzt, wenn Sie die im untenstehenden Kasten aufgeführten Fragen beantworten können.

TIPP

Ein Hund, der in der Jugend gute Erfahrungen in einer Tierarztpraxis gemacht hat, wird meist ohne Angst und Stress auch die weiteren nötigen Besuche mitmachen.

Danach kann Sie Ihr Tierarzt fragen:
- Welche Veränderungen, seit wann?
- Stuhlgang, Kot, Harnabsatz normal oder verändert (evtl. Kotprobe)?
- Appetit, Fressverhalten verändert?
- Flüssigkeitsaufnahme normal?

Medikamente

Tabletten packen Sie am besten in ein Stück Butter oder Kalbsleberwurst ein, Ihr Golden wird es mit einem Biss im Ganzen hinunterschlucken. Medikamente in Pastenform direkt auf den Zeigefinger und dann dem Hund möglichst weit hinten auf die Zunge streichen. Er wird unweigerlich schlucken müssen. Flüssige Medikamente werden seitlich in die Lefzentasche geträufelt, damit der Hund sich nicht verschlucken kann. Bei der Anwendung von Augentropfen ziehen Sie die Lider etwas auseinander. Träufeln Sie dann die Augensalbe oder -tropfen nach Anweisung des Arztes in den Bindehautsack ein. Fieber messen sollten Sie beim jungen Hund einfach ein paar Mal üben. Am besten sind Digitalthermometer. Ihr Hund sollte dazu ruhig stehen bleiben, Sie halten die Rute nach oben und schieben das mit Vaseline eingefettete Thermometer weit genug leicht nach oben in den

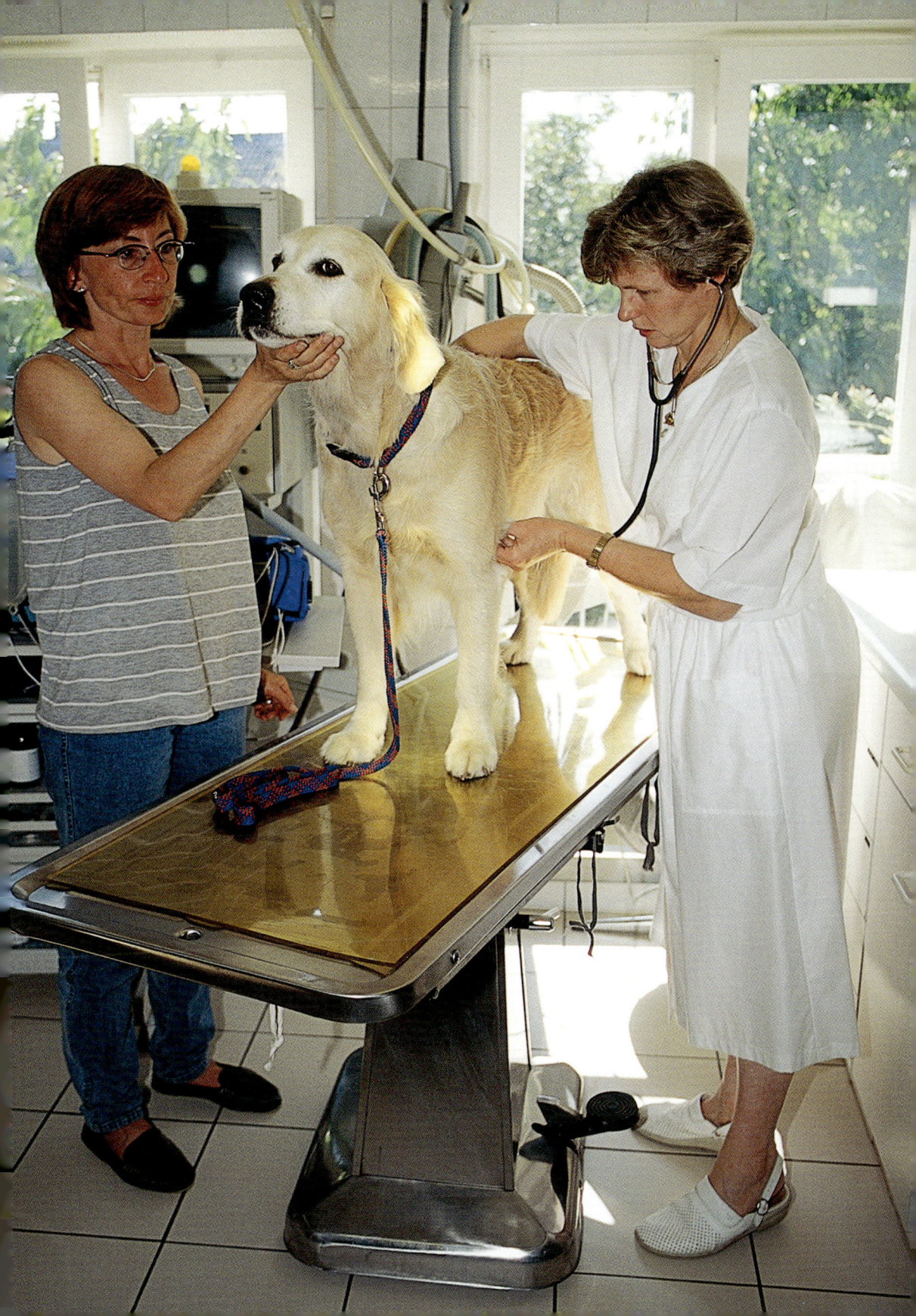

After. Die Normaltemperatur beim Golden liegt um 38°C, Fieber über 39°C ist ein Fall für den Tierarzt.

Viele Retrieverbesitzer berichten von den guten Erfahrungen, die sie mit homöopathischen Mitteln gemacht haben. Die Homöopathie stärkt und unterstützt die Heilkräfte des Organismus und setzt körpereigene Regulationen zur Überwindung einer Krankheit in Gang. Diese Mittel sollen über die Mundschleimhaut sofort ins Blut gelangen. Tabletten werden zwischen zwei Teelöffeln zerdrückt und direkt oder mit der angefeuchteten Fingerspitze auf die Zunge oder in die Lefze gestrichen, Globuli direkt seitlich in die Lefzentaschen gegeben. Da die Homöopathie trotz ihrer guten Wirkungen auch ihre Grenzen hat, ist es gut, wenn Sie einen Tierarzt haben, der sich sowohl in der klassischen Tiermedizin als auch in der Homöopathie auskennt.

- Impfung mit etwa 6 Wochen gegen Parvovirose;
- mit 8 Wochen gegen Staupe (S), Hepatitis (H), Leptospirose (L), Parvovirose (P) und Parainfluenza (P);
- mit etwa 12 Wochen Wiederholungsimpfung gegen S,H,L,P,P und Erstimpfung gegenTollwut;
- mit etwa 16 Wochen Wiederholungsimpfung gegen Parvovirose.

Impftermine

Über Impfpläne und Impftermine herrschen unterschiedliche Ansichten. Nebenstehendes Impfschema wird häufig angewandt. Der Impfschutz muss jährlich aufgefrischt werden. Auch für Fahrten ins Ausland und den Besuch von Ausstellungen ist es wichtig, dass die Impfungen regelmäßig durchgeführt werden. Gegen Zwingerhusten und Borreliose werden Impfungen ebenfalls empfohlen.

Entwurmung

Ihr Welpe wurde vom verantwortungsbewussten Züchter gründlich entwurmt. Vor der Wiederholungsimpfung mit zwölf Wochen ist der Hund nochmals zu entwurmen. Im ersten Jahr sollten Sie Ihren Junghund drei bis vier Mal entwurmen. Ältere Tiere werden regelmäßig einmal jährlich gegen alle Wurmarten entwurmt, Hunde im jagdlichen Gebrauch alle drei Monate. Bei Verdacht auf Wurmbefall sollte eine Kotprobe untersucht und der Hund dann gezielt entwurmt werden. Lebt der Golden in einer Familie mit kleinen Kindern, müssen die Entwurmungen besonders sorgfältig durchgeführt werden. Hat Ihr Golden Retriever Kontakt zu Schafen oder frisst gerne Schafskot, sollten Sie regelmäßig auch speziell gegen Bandwürmer entwurmen. Besonders der Fuchsbandwurm, der in manchen Gegenden bei Füchsen stark verbreitet ist, kann auch für den Menschen gefährlich sein. Er kann sich an verseuchten Waldfrüchten anstecken.

Hausapotheke

Gewöhnen Sie sich an, für unterwegs stets eine kleine Notfalltasche mitzunehmen.

Die häusliche Hundeapotheke sollte folgende Ausstattung haben:

- Fieberthermometer und weiße Vaseline
- Medikamente, die Ihr Hund regelmäßig einnehmen muss
- Calcium-Trinkampullen für Krämpfe, allergische Reaktionen oder Insektenstiche
- Bachblüten-Notfalltropfen
- Ohrreinigungsmittel
- Augentropfen in portionierten Ampullen für einmaligen Gebrauch
- mildes Desinfektionsmittel, z. B. Wasserstoffsuperoxid
- Wundsalbe, flüssiges Wundverbandsspray
- Polsterwatte und Klebeband
- einige Mullbinden
- kleine und große Stofftaschentücher oder Dreiecktuch aus dem Verbandskasten
- Schutzschuh für die verletzten Pfoten
- Schere und Pinzette
- Zeckenzange
- Mittel zur Floh- und Zeckenvorbeugung

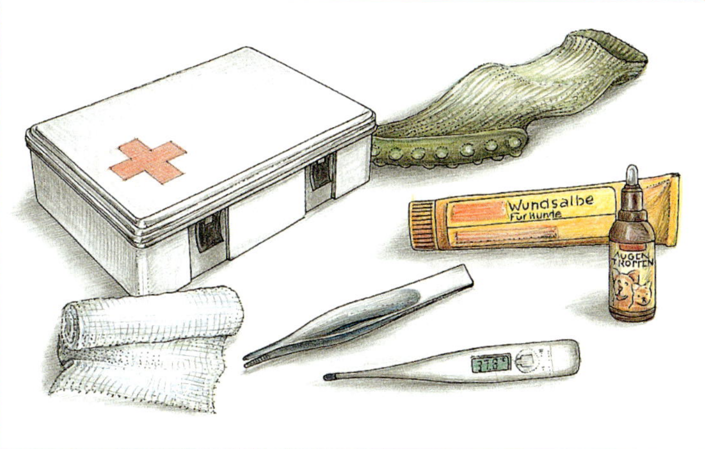

Urlaubsapotheke

Besprechen Sie die Reisepläne rechtzeitig mit Ihrem Tierarzt.

Je nach Reiseland kann eine Vorbeugung gegen dort vorkommende Insekten nötig sein. Auf Reisen in südlichere Länder im Mittelmeerraum sollten Sie wegen der Infektionsgefahr sogar verzichten. Vor allem eine Infektion mit dem sogenannten Herzwurm ist gefährlich. Sie wird durch Mücken übertragen. Diese Erkrankung ist sehr ernst und kann auch bei einer Behandlung zum Tode durch Thrombose – einer Verstopfung der Blutgefäße durch abgestorbene Herzwürmer – führen.

TIPP

Inhalt der Notfalltasche: Verbandmaterial mit genügend Polsterwatte, Klebeband, Notfalltropfen, Elektrolyt-Energie-Konzentrat, Mittel gegen Insektenstiche, steriles Verbandspäckchen, Rettungsdecke.

51

Es gibt darüber hinaus viele Tropenerkrankungen, die Ihrem Golden gefährlich werden können. Falls Sie einige Zeit nach dem Urlaub feststellen, dass Ihr Golden sich nicht wohl fühlt oder richtig krank wird, muss Ihr Tierarzt wissen, wann und wo Sie im Urlaub mit dem Hund waren. Für den Urlaub ergänzen Sie Ihre Hundeapotheke mit folgenden Mitteln: Durchfallmedikament, Tabletten gegen Fieber, Mittel gegen Erbrechen.

Krankheiten

Ein Golden ist weder krankheitsanfälliger noch widerstandsfähiger als andere Hunderassen.

Wachstumsbedingte Erkrankungen des Bewegungsapparates

Viele Golden Retriever beginnen mit etwa fünf Monaten zu lahmen. Das Röntgenbild zeigt Entzündungen in den Gliedmaßenknochen und -gelenken. Diese Panosteitis ist für den Hund sehr schmerzhaft und muss medikamentös behandelt werden. Außerdem darf der Hund eine Zeit lang nur an der Leine bewegt werden. Im Alter von etwa zwei Jahren hat sich diese Krankheit verwachsen.

Besonders anfällig für diese Krankheit sind die schweren Junghunde. Achten Sie auf sparsame und abwechslungsreiche Fütterung. Für die ganze Entwicklung des Bewegungsapparates ist es vorteilhaft, wenn der junge Golden nicht zu dick ist oder zu schnell in die Höhe wächst.

Hüftgelenksdysplasie (HD)

Wie alle großen, schweren Hunderassen hat auch der Golden Retriever leider die Veranlagung zur HD. Auch wenn in den Vereinen versucht wird, durch kontrollierte Zucht diese Erkrankung einzuschränken, kann sie doch nicht ganz ausgeschlossen werden. Für die Einteilung der Schweregrade gibt es fünf Stufen: HD-A = frei, HD-B = Verdacht auf HD, HD-C = leichte HD, HD-D = mittlere HD, HD-E = schwere HD. Bei einem HD-freien Hund sitzt der Gelenkkopf des Oberschenkelknochens genau passend in der Hüftgelenkspfanne. Der Gelenkkopf ist rund und der Gelenkspalt ist eng und überall gleich schmal. Dadurch bewegt sich der Gelenkkopf optimal ohne Reibung in der Gelenkpfanne. Bei einem HD-Befund ist je nach Ausprägung dieser optimale Bewegungsablauf nicht mehr gegeben. Schlägt der nicht passende Gelenkkopf bei jedem Schritt gegen eine Stelle der Pfanne, bilden sich dort Arthrosen, die dem Hund dann Schmerzen bereiten. Läuft ein Hund nicht korrekt, kann dies zwar ein Anzeichen für das Vorliegen einer HD sein, eine zuverlässige Diagnose kann jedoch nur durch ein Röntgenbild gestellt werden. Ein unharmonischer Bewegungsablauf kann auch viele andere Gründe haben.

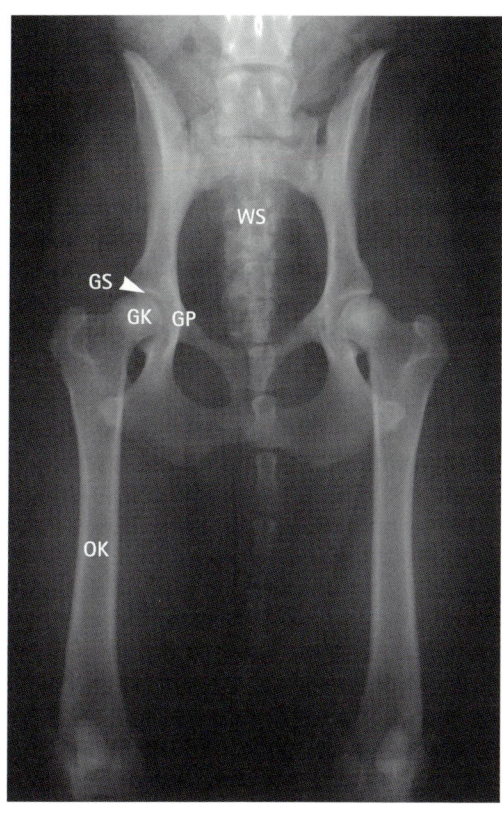

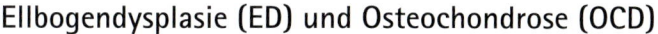

Ein gesundes Hüftgelenk ohne Zeichen von HD.
GK = Gelenkkopf
GP = Gelenkpfanne
GS = Gelenkspalt
OK = Oberschenkelknochen
WS = Wirbelsäule

Ellbogendysplasie (ED) und Osteochondrose (OCD)

Diese Erkrankungen der Vordergliedmaßen sind erst in den letzten Jahren ins Blickfeld gerückt. Inzwischen müssen Golden Retriever, die in der Zucht eingesetzt werden, nicht nur auf HD, sondern auch auf ED untersucht werden. Ein verändertes Ellbogengelenk führt zur Bildung von schmerzhaften Arthrosen, die dem Hund häufig mehr Probleme bereiten als bei der HD. Bei der OCD kann nicht nur das Ellbogengelenk, sondern auch das Schultergelenk betroffen sein. ED- und OCD-befallene Hunde beginnen im Jugendalter oft zu lahmen, eine genaue Diagnose kann nur durch ein Röntgenbild mit einer Auswertung durch einen darin geschulten Tierarzt gestellt werden.

53

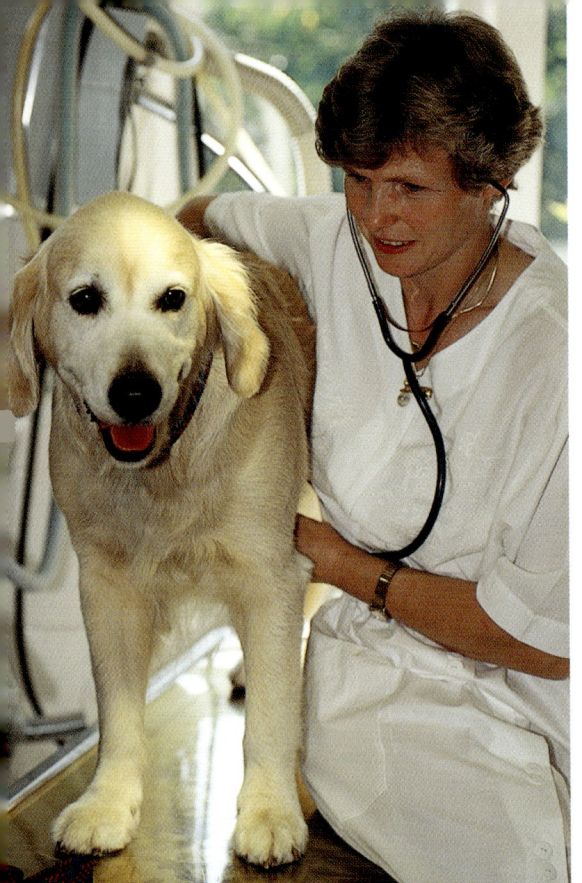

Augen

Erkrankungen des Augenhintergrundes und der Netzhaut (Progressive Retinaatrophie PRA und Retinadysplasie RD) sind beim Golden Retriever eher selten. Befallene Hunde können erblinden. Häufiger können Katarakt (Grauer Star), Ektropium und Entropium vorkommen. Beim Grauen Star muss der erbliche Katarakt (HC) vom Altersstar unterschieden werden, dabei wird die Linse mehr oder weniger stark getrübt. Beim Ektropium liegt das Augenlid nicht eng an und es kommt zu häufigen Bindehautentzündungen. Beim Entropium ist das Augenlid nach innen eingerollt. Die dadurch nach innen weisenden Wimpern reizen das Auge zu ständigem Tränenfluss und verursachen Schmerzen. Ständiger dunkler Ausfluss aus den Augenwinkeln könnte auch auf Follikel hinweisen, eine Bildung von kleinen Bläschen auf dem dritten Augenlid. Sie verursachen ebenfalls eine ständige Reizung der Bindehaut. Golden Retriever, die in der Zucht eingesetzt werden, dürfen weder PRA, RD oder HC noch Ektropium oder Entropium haben.

! Ständiges Blinzeln, Zukneifen, Lichtscheue sind Alarmzeichen und deuten auf eine akute Erkrankung hin, z.B. Fremdkörper im Auge, Verletzung der Hornhaut, Glaukom. Schnell zum Tierarzt!

Verdauungsorgane

Durchfall oder Erbrechen sind zunächst kein Anlass zu größerer Besorgnis. Länger anhaltender Durchfall oder häufiges Erbrechen gehören jedoch in die Behandlung eines Arztes. Sie können Hinweise auf ernste Erkrankungen sein. Golden Retriever, die an einer Entzündung der Bauchspeicheldrüse (Pankreatitis) leiden, die sich auch auf Leber, Magen und Zwölffingerdarm ausbreiten kann, reagieren mit blutigem Erbrechen und Durchfall auf unpassendes Futter oder verdorbenes Pfützenwasser. Auch der Gedanke an eine Vergiftung darf in Zusammenhang mit Durchfällen und Erbrechen nicht außer acht gelassen werden.

! Erbrechen, rosarot oder in kurzen Abständen, alle halbe Stunde bis Stunde oder wasserdünne Durchfälle, himbeerrosa oder schwarz, sind Alarmzeichen. Sofort zum Tierarzt!

Schilddrüse

Zunehmend kommen Golden Retriever mit einer Schilddrüsen-Unterfunktion in die Praxis des Tierarzts. Diese Goldens ermüden leichter als andere, haben schlechtes Haarkleid und fettige Haut und neigen zu Übergewicht. Meist treten diese Anzeichen schon während des ersten und zweiten Lebensjahrs auf. Eine erbliche Disposition dafür beim Golden Retriever wird vermutet. Nur die Laboruntersuchung des Bluts lässt eine sichere Diagnose zu. Werden diese Retriever dann mit dem Schilddrüsenhormon Thyroxin behandelt, sind sie schnell wieder lebhafter und belastbarer.

Epilepsie

Leider kann auch der Golden wie viele andere Hunderassen unter epilepsieartigen Anfällen leiden. Die Krankheit zeigt sich in unterschiedlicher Weise. Es gibt genetisch vorbelastete Hunde, doch können auch andere Ursachen die Krankheit auslösen. Je nachdem wie schwer die Anfälle sind, kann die Krankheit Hund und Besitzer stark belasten. In leichteren Fällen ist Epilepsie durch Medikamente in erträglichem Rahmen zu halten.

Geschlechtsorgane

Erwachsene Rüden haben zwei offensichtlich normal entwickelte Hoden fühlbar im Skrotum. Es kommt vor, dass ein oder beide Hoden nicht in den Hodensack absteigen, sondern in der Bauchhöhle verbleiben. Diese Hoden sind durch die erhöhte Temperatur innerhalb der Bauchhöhle stark krebsanfällig und sollten operativ entfernt werden. Der Hund wird dadurch kastriert.

Golden Retriever-Hündinnen werden in der Regel alle sechs bis neun Monate läufig, wobei Ausnahmen normal sind. Die Läufigkeit kündigt sich oft schon mehrere Wochen vorher an, die Hündin setzt häufiger als sonst Urin ab – sie beginnt zu markieren und signalisiert den Rüden, dass sie demnächst in eine interessante Phase kommt. Viele Golden-Hündinnen werden in der Zeit kurz vor der Hitze sensibler und sind leichter zu beeindrucken. Die Läufigkeit dauert etwa drei Wochen, ihr Beginn ist durch die starke Blutung deutlich sichtbar. Im Laufe der ersten Phase wird das Blut immer heller, bis die Blutung fast farblos wird und oft ganz zum Still-

> **TIPP** Zur Schonung Ihrer Wohnung können Sie Ihrer Hündin während der Läufigkeit ein Schutzhöschen anziehen.

55

stand kommt. Spätestens jetzt gehört die Hündin an die Leine, denn jetzt ist sie deckbereit. Oft ist dies zwischen dem 10. und 15. Tag nach Beginn der Blutung der Fall. Nun hat die Hündin befruchtungsfähige Eizellen in sich.

Eine deckbereite Hündin dreht die Rute in typischer Weise zur Seite, wenn sie an der Schwanzwurzel gekrault wird oder ein Rüde an ihrem Hinterteil schnuppert. Es gibt auch Hündinnen, die fast die ganze Läufigkeit über „stehen", also dieses Verhalten zeigen. Sie sind trotzdem nicht die ganze Zeit über befruchtungsfähig. Die „gefährliche" Zeit hält etwa drei bis vier Tage an. Danach setzt oft die Blutung wieder ein, das Blut wird auffällig dunkler und die Hündin knurrt und beißt nun die Rüden weg, wenn sie ihr zu nahe kommen. Kommt es trotz aller Vorsicht zu einem unerwünschten Deckakt, hat Ihr Tierarzt die Möglichkeit, bei der Hündin die Trächtigkeit durch Hormonspritzen zu verhindern. Dies hat allerdings Nebenwirkungen und darf nicht zur Regel werden.

> **TIPP**
>
> Symptome einer Pyometra: Erhöhter Durst, mangelhafter Appetit, Umfangvermehrung des Leibes, struppiges Haar, schleimig-eitriger Ausfluss.

Viele Golden Retriever-Hündinnen neigen zur Scheinträchtigkeit. Obwohl Sie gut aufgepasst haben und ein Deckakt nicht stattgefunden hat, verändert sich Ihre Hündin. Sie wird ruhiger, schläft mehr und wird oft dicker. Wenn Sie die Zitzen drücken, kommen einige Tropfen Milch. Manche Hündinnen tragen zum Zeitpunkt der „Geburt" Stofftiere herum und nehmen sie mit auf ihr Lager oder buddeln große Löcher für die „Welpen". Dies ist kein Grund zur Sorge, doch sollten Sie dieses Phänomen nicht zu leicht nehmen, denn Hündinnen, die oft scheinträchtig werden, neigen zur Bildung von Gesäugetumoren und eitrigen Gebärmutterentzündungen (Pyometra).

! Gebärmutterentzündungen können lebensgefährlich sein! Zum Tierarzt!

Kastration

Die Kastration beim Rüden kann aus medizinischen Gründen und bei Verhaltensproblemen, die ihren Ursprung im Geschlechtsleben des Rüden haben, notwendig werden. Wenn Ihr Rüde trotz guter Erziehung jeder Spur einer läufigen Hündin nachgeht, streunt und dabei sich und andere gefährdet oder wenn er mit Heulkonzerten, Futterverweigerung und Durchfall auf läufige Hündinnen in seiner Umgebung reagiert, dann leidet er.

Bei Rüden, die sich gegenüber anderen Rüden aggressiv verhalten, sollten Sie selbst sehr genau prüfen, ob dies eine Erziehungsfrage ist oder ob eine Kastration helfen kann. Zur Probe kann der Rüde durch

Injektionen von Hormonen „chemisch" kastriert werden. Dies hält aber nur wenige Wochen an und ist nicht auf Dauer anzuraten.

Hündinnen, die nicht in der Zucht eingesetzt werden sollen, können kastriert werden, um unerwünschten Nachwuchs und Läufigkeiten zu vermeiden. Sie werden dann auch nie an der gefährlichen Gebärmutterentzündung erkranken. Die Kastration von Hündinnen zur Vermeidung bösartiger Tumore am Gesäuge ist nur wirksam, wenn die Tiere ganz jung operiert werden. Medizinisch notwendig wird die Kastration bei schweren Gebärmuttervereiterungen und Störungen im Zyklusablauf.

Andererseits hat die Kastration auch unerwünschte Nebenwirkungen. Golden Retriever bekommen ein weicheres, welpenähnliches Fell, das viel mehr zum Verfilzen neigt, längere Befiederungen und werden durch den veränderten Stoffwechsel leicht zu dick. Kastrierte Hündinnen werden manchmal inkontinent. Bedenken Sie auch, dass kastrierte Hunde nicht mehr auf Ausstellungen gezeigt werden können.

Unfallverhütung

Immer wieder geschehen Unfälle, die nicht hätten passieren müssen. Kalkulieren Sie ein, dass Ihr Hund unvorhersehbar reagieren kann und denken Sie für ihn mit. Achten Sie darauf, auf welche Mäuerchen oder Baumstämme Sie Ihren Golden springen lassen. Er kann nicht wissen, dass es auf der anderen Seite der Burgmauer viele Meter steil in die Tiefe geht. Manche Röhren enden im Erdreich oder mit einem Absperrgitter, Ihr Hund kann darin steckenbleiben. Gewöhnen Sie ihm an, nie unkontrolliert aus dem Auto zu springen. Denken Sie daran, dass es im geschlossenen Auto auch im Schatten schnell sehr heiß werden kann. Auch auf Wanderungen an warmen Tagen kann sich Ihr Hund schnell überhitzen, er muss die Möglichkeit haben, genügend Wasser zu sich zu nehmen.

Das bei vielen Retrieverbesitzern sehr beliebte Stöckchenspiel gehört auf die Verbotsliste. Splitterndes Holz kann massive Verletzungen im Maul und Rachen verursachen und im Überschwang eines lebhaften Spiels kann es sogar vorkommen, dass sich ein Hund im Halsbereich regelrecht aufspießt. Bälle müssen groß genug sein, kleine Vollgummibälle können im Hals steckenbleiben und die Luftröhre verschließen, Ihr Golden erstickt. Bei Zerrspielen um ein Tuch oder ein Spieltau besteht die Gefahr einer ernsthaften Verletzung der Halswirbel-

Für den Hund mitdenken!
- Nie ohne Erlaubnis aus dem Auto springen lassen!
- Beim Schwimmen Halsband weg!
- Beim Spielen Halsband weg!
- Nie Stöckchen werfen!
- Keine Steine tragen lassen!
- Keine Zerrspiele!
- Hund nicht im heißen Auto lassen!
- Keine Giftpflanzen im Garten!

So kann ein verletzter Hund nicht um sich beißen. Eine um den Hund geschlungene Decke hält ihn beim Tragen auf Abstand. Die rechte Hand stützt den Hundebauch, die linke trägt den Hund mit der Decke ohne großen Kraftaufwand.

säule. Besonders in der Zeit des Zahnwechsels können dabei auch Zahnverletzungen sowie Kieferverschiebungen auftreten.

Ihr Golden ist meist kaum mehr zu halten, wenn er an ein Gewässer kommt. Lassen Sie ihn trotzdem nie unkontrolliert ins Wasser springen. Glasscherben oder Kronkorken am Ufer, falsch eingeschätzte Wassertiefe, Baumstämme oder Felsen sind Ursache vieler Verletzungen. Springt Ihr Golden in Gewässer mit steilem Ufer oder betonierten Rändern, kann er oft nicht mehr aus eigener Kraft herausklettern. Außerdem muss das Halsband unbedingt entfernt werden, damit Ihr Golden beim Schwimmen nicht mit den Vorderpfoten durch das lose Halsband greift oder damit hängenbleibt. Er würde unweigerlich ertrinken.

Meiden Sie frisch gespritzte Felder und Weinberge. Vor allem junge Hunde sind durch giftige Pflanzen in Feld und Wald, aber auch in Ihrem Garten gefährdet, weil sie gerne buddeln und an allem herumknabbern.

Erste Hilfe bei Unfällen

Bei schweren Unfällen eines Hundes muss man damit rechnen, dass er in Panik oder Schock völlig anders reagiert als sonst. Auch ein Golden Retriever kann dann heftig zubeißen. Um den Helfer zu schützen, wird am besten ein Tuch so um das Maul des Hundes geschlungen, dass er zwar nicht beißen, aber unbehindert atmen kann. Bei sehr schweren Verletzungen müssen zunächst die Lebensfunktionen des Tieres überprüft werden: Atmung, Herzschlag, Bewusstsein, Ansprechbarkeit und Reaktionen.

Mit einfachen Mitteln wie Taschentuch, Halstuch und Watte lässt sich schnell ein Notverband für eine verletzte Pfote herstellen.

59

	Was zu tun ist
Kleinere Schnitt- oder Rissverletzungen	Die Haare am Wundrand kürzen und Verunreinigungen entfernen. Anschließend die Wunde mit wässriger Desinfektionslösung auswaschen und mit einem Wundverband abdecken.
Stark blutende Wunden	Druckverband anlegen, oberhalb der blutenden Stelle abbinden oder abdrücken, sofort zum Tierarzt.
Knochenbrüche und Gelenkverletzungen	Keine Experimente; verletztes Körperteil ruhigstellen und sofort zum Tierarzt.
Innere Verletzungen	Prüfen der Lebensfunktionen, Transport auf einer Decke, sofort zum Tierarzt.
Grasgrannen, Scherben oder Splitter in der Haut	Fremdkörper entfernen, Wunde spülen und verbinden. Bei Fremdkörpern in Auge, Ohr und Rachenraum nach dem Entfernen des Fremdkörpers zum Tierarzt.
Geschosse und große Splitter, die im Körperinnern stecken	Nicht entfernen, keine Manipulationen am Hund, sofort zum Tierarzt!
Atemnot Erkennungszeichen sind heftige Atembewegungen, vorgestreckter Kopf, Husten, Blaufärbung der Schleimhäute, Unruhe.	Als Gegenmaßnahme sofort zum nächst erreichbaren Tierarzt!
Hitzschlag Erkennungszeichen sind Hecheln, bläuliche Zunge, Desorientierung, Erregung, Fieber über 41°C, Erbrechen, Kreislaufkollaps.	Als Gegenmaßnahme Hund in den Schatten legen, Umschläge mit kaltem Wasser allmählich steigern, nicht den Hund gleich von oben bis unten mit kaltem Wasser abspritzen, beruhigen.
Insektenstich Erkennungszeichen sind Erbrechen, Anschwellen des Kopfbereichs, Nesselsucht, Kreislaufkollaps, Taumeln.	Stachel entfernen, kalte Umschläge, sofort zum Tierarzt, Schockgefahr! Bei Stich im Rachenraum Erstickungsgefahr!
Vergiftungen Erkennungszeichen sind sehr verschieden, häufig Erbrechen/Durchfall, blasse Schleimhäute, Zittern, Speicheln, Benommenheit.	Bei Verdacht auch ohne sichtbare Erkrankung beim Tierarzt anrufen, bei Vergiftungen besteht Lebensgefahr!

Golden Retriever im Alter

Alte Hunde sind ein Geschenk. Sie und Ihr Hund kennen sich gegenseitig gut, Hund und Mensch verstehen sich ohne Worte. Wenn auch ein alter Hund nicht mehr alles mitmachen kann, sich vielleicht nicht mehr so schnell und ausdauernd bewegt oder das Dummy nur noch im Zeitlupentempo apportiert, er hat doch eine ganz besondere Würde an

sich und ihm steht zu, dass Sie Rücksicht auf ihn und seine Bedürfnisse nehmen. Sie werden bei Ihren kleinen Übungseinheiten nachsichtiger mit seinen Eigenheiten werden und ihn in kritischen Situationen sicherheitshalber an die Leine nehmen.

Auch alte Hunde freuen sich über kleine Aufgaben.

Sie sollten Ihren älteren Golden Retriever regelmäßig dem Tierarzt vorstellen, damit beginnende Erkrankungen rasch erkannt und Altersbeschwerden gelindert werden können. Irgendwann einmal ist jedoch der Zeitpunkt gekommen, an dem die Beschwerden des Alters überhand nehmen. Wenn keine Aussicht auf Besserung bis zu einem Dasein mit Lebensfreude mehr besteht, sollten Sie den Mut zur letzten Entscheidung finden. Dies fällt uns Menschen besonders schwer, weil wir den Zeitpunkt bestimmen und auch letztlich zum Wohle des Hundes entscheiden müssen. Sie sind es ihm schuldig, die letzte Entscheidung nicht aus egoistischen Gründen zu lange hinauszuschieben. Zuvor sollten Sie überlegen, was nach seinem Tod mit ihm geschehen soll. Wenn Ihr Tierarzt Ihren toten Hund mitnimmt, kommt er in die Tierkörperverwertung. Begraben können Sie ihn auf Tierfriedhöfen oder auf eigenem Grund und Boden, wobei Sie die örtlichen Bestimmungen beachten sollten. Es gibt heute auch die Möglichkeit, Haustiere einäschern zu lassen.

TIPP Überfordern Sie den alten Hund nicht und nehmen Sie Rücksicht auf seine Tagesform. Bekanntes und Altvertrautes zu wiederholen, gibt ihm jetzt Sicherheit und Selbstbewusstsein, Neues fördert seine geistige Fitness und Regsamkeit.

Sie können Ihnen und Ihrem Golden die letzten Minuten leichter machen, wenn Sie den Tierarzt bitten, nach Hause zu kommen und den Hund ohne Aufregung an seinem vertrauten Liegeplatz oder im Garten einzuschläfern. Dass Sie bei ihm bleiben, gehört zu Ihrer Pflicht. Die heutigen Methoden der Tiermedizin erlauben ein Sterben ohne Schmerzen und einen friedlichen Tod.

Fütterung und Pflege

Rechte Seite:
Bitte abtrocknen!

Damit Ihr Golden Retriever sich wohlfühlen kann, braucht er richtige Ernährung und gute Pflege. Für den Inhalt seines Kühlschranks sind Sie verantwortlich. Über die Hundeernährung werden Sie fast so viele Meinungen hören wie Sie Hundebesitzer oder Tierärzte fragen. Selbst die Wissenschaftler sind sich nicht immer einig. Sicher ist jedoch, dass es einen Zusammenhang zwischen Ernährung und Krankheiten gibt.

Der Hund frisst nicht nur Fleisch

Obwohl Hunde zu den Fleischfressern gehören, ernähren sie sich auch in freier Wildbahn nicht nur vom Fleisch ihrer Beutetiere. Am liebsten fressen sie zunächst den Pansen der erlegten Tiere, der noch anverdaute Reste von Pflanzen enthält. Das Gebiss des Hundes ist hervorragend dazu geeignet, große Fleischstücke zu zerschneiden. Es verschafft dem Hund eine enorme Befriedigung, wenn er sich für sein Fressen anstrengen muss. Daher sollten Sie Ihrem Golden nicht nur breiig eingeweichtes oder in kleine Stücke geschnittenes Futter vorsetzen, sondern ihm ab und zu Fleisch oder frischen Pansen in großen Stücken zu fressen geben.

Will man die Nahrung seines Hundes selbst zusammenstellen, ist ein fundiertes Wissen über Nährstoffzusammensetzung und Mengen notwendig. Fehlt diese, sind die Futterpläne oft nicht dem tatsächlichen Bedarf entsprechend. Unausgewogene Nahrung kann zu Störungen im Wachstum und der Skelettentwicklung führen, kann einerseits Mangelerscheinungen und auf der anderen Seite Übergewicht hervorrufen. Selbst zubereitetes Futter ist meist nicht billiger als Fertigfutter. Sie brauchen für die richtige Zubereitung Zeit, die damit verbundenen Gerüche sind oft nicht unerheblich. Ausgewogene Zusätze von Vitaminen und Mineralstoffen sind erforderlich, vor allem Calcium und Phosphor müssen im richtigen Verhältnis vorhanden sein.

Eine selbst zusammengestellte Fleisch-Flockennahrung sollte folgende Grundbausteine im richtigen Verhältnis zueinander enthalten:

- Fleisch: Rindfleisch, Pansen (wird roh gefüttert), Lamm, Geflügel (gekocht)
- Getreide/ Getreideflocken: Haferflocken, gekochte Nudeln, gekochter Reis
- Gemüse/Obst: keine Hülsenfrüchte, kein Kohl, aber rohe Karotten, Salat, Gemüsesäfte, Äpfel

Andere Eiweißquellen sind auch Milchprodukte (keine Rohmilch, aber Quark, Joghurt, Hüttenkäse)

Fertigfutter

Einfacher und sicherer ernähren Sie Ihren Golden mit Fertigfutter. Vollnahrung enthält alle Nährstoffe im ausgewogenen Verhältnis, die Auswahl im Futterladen ist allerdings verwirrend groß.

Dosenfutter besteht aus feuchten Fleischbrocken in unterschiedlicher Zusammensetzung (Lamm, Rind, Geflügel und Mischungen). In Dosenvollnahrung ist auch Getreide und Gemüse enthalten. Achten Sie auf die Angaben auf dem Etikett: Es gibt Vollnahrung als Alleinfutter in Dosen und Dosennahrung, die Fleisch pur ohne weitere Zusätze enthält. Dieses Dosenfleisch muss wie Frischfleisch mit Flocken oder Reis ergänzt werden.

> **TIPP**
> Denken Sie bei einem so großen Hund wie dem Golden Retriever auch an die Müllberge, die durch die tägliche Fütterung aus der Dose entstehen können.

Die größte Auswahl haben Sie bei Trockenfutter, das auch auf Vorrat in großen Säcken erhältlich ist. Trockenfutter enthält kein Wasser, es kann entweder eingeweicht gefüttert werden oder dem Hund trocken angeboten werden, dann muss aber immer eine Schüssel mit frischem Wasser bereit stehen. Bei Trockenfertigfutter gibt es Unterschiede zwischen normalem und Premiumfutter. Premiumfutter ist höher verwertbar, es entstehen weniger Abfallstoffe und die Hunde produzieren entsprechend weniger große Häufchen - ein Gesichtspunkt, der bei Stadthunden sicher nicht außer Acht gelassen werden sollte. Die geringe Futtermenge verleitet allerdings zu Überdosierungen, daher muss genau abgewogen werden. Mag Ihnen auch zunächst eine Handvoll wenig erscheinen, es handelt sich um ein hochkonzentriertes Futter, das im Magen aufquillt und erst dann zu einem Sättigungsgefühl führt. Trockenfutter können Sie gut auf die Urlaubsreise mitnehmen.

> **TIPP**
> Als Belohnungshappen eignen sich auch Brocken von Trockenfutter.

Auf dem Markt sind auch Halbfertigprodukte, zum Beispiel Gemüseflocken, die noch mit Fleisch gemischt werden müssen. Achten Sie beim Kauf auf die Inhaltsangaben der Hersteller.

Flüssigkeit ist lebenswichtig

Ein Napf mit frischem Wasser sollte immer bereit stehen, da der Wasserbedarf von der Aktivität des Hundes und den Temperaturen abhängt. Je mehr ein Hund hechelt, desto mehr Wasser braucht er. Leider neigen manche Golden Retriever dazu, mit tropfenden Lefzen vom Napf wegzulaufen und überall Wasserspuren zu hinterlassen. Ein Handtuch unter dem Wassernapf fängt einen Teil des Wassers ab. Sie

werden Ihren Golden trotzdem lieben, auch wenn Sie mal wieder mit
bloßen Füßen in eine Wasserlache getreten sind.

Knochen und Knabbereien

Ungeeignet sind Knochen, selbst wenn Ihr
gutherziger Fleischermeister Ihnen „etwas für
den Hund" mitgeben möchte. Knochen von
Geflügel oder Wild könnten splittern und Zähne, Zahnfleisch oder Magen und Darm verletzen. Auch die als unbedenklicher angesehenen
Knochen wie Markknochen oder Kalbsunter-
beine bergen Gefahren. Kleine spitze Welpen-
zähne können darin steckenbleiben und viele
Hunde reagieren auf Knochenfütterung mit
Verdauungsproblemen von der leichten Verstopfung bis hin zur ernsthaften Darmerkran-
kung.

Empfehlenswerte
Kauartikel: Rinderohr,
Ochsenziemer, Rinder-
kehlkopf, Kälberöhrchen,
Kauflechsen (von links).

Geben Sie Kauartikel, wie Büffelknochen oder Ähnliches nur dann,
wenn Sie die Nagearbeit Ihres Golden beaufsichtigen können. Diese
Knochen werden im durchgekauten Zustand weich und schlüpfrig. Ihr
Hund könnte sie verschlucken, sie bleiben im Rachen stecken und
könnten dann zu Erstickungsanfällen führen. Um das Nagebedürfnis
Ihres Retrievers zu befriedigen, hat die Futtermittelindustrie ein viel-
fältiges Angebot bereit: Ochsenziemerabschnitte, Rinderohren, Rin-
derkehlköpfe, Trockenpansen, Luftröhren, Sehnen, Kalbshufe, Kopf-
haut, Lunge und Ähnliches beschäftigen Ihren Golden eine ganze Weile und befriedigen besonders während des Zahnwechsels das Kaube-
dürfnis Ihres Junghundes.

Als Belohnungshappen werden Stücke von getrockneter Leber oder
Fisch von den meisten Golden besonders geschätzt. Denken Sie daran,
alle Zwischenmahlzeiten und Belohnungshäppchen sind zusätzliche
Kalorien, berücksichtigen Sie dies bei der täglichen Fütterungsmenge.

Gefahren durch Futter

Ob vom Fleischer als gutgemeintes Mitbringsel oder als Reste des
abendlichen Grillmenus: Rohes Schweinefleisch dürfen Sie auf keinen
Fall an Ihren Golden verfüttern. In Schweinefleisch kann der Erreger
der Aujeszky'schen Krankheit vorhanden sein, der nur durch Kochen
abgetötet wird. Für Menschen völlig ungefährlich, verursacht er bei

Hunden die tödlich verlaufende Pseudowut. In rohem Geflügelfleisch könnten sich Salmonellen verstecken. Was von Ihren Mahlzeiten übrig geblieben ist, eignet sich nicht als Standardernährung für Ihren Hund.

Unter den Golden gibt es leider viele sehr gierige und verfressene Exemplare, die auf jedem Komposthaufen und in jedem Mülleimer Reste aufspüren und diese mit enormer Schnelligkeit verschlingen. Da es sich hierbei oft um verdorbene Lebensmittel handelt, sind die Besitzer solcher Golden entweder Dauerkunden beim Tierarzt oder im Laufe der Zeit schneller geworden als ihr Hund. Abgewöhnen lässt sich diese Unart nur begrenzt, sagen Sie energisch „Nein" oder „Pfui", wenn Ihr Hund Anstalten macht, auf Entdeckungsreise zu gehen. In Ihrer Abwesenheit wird er leider weiterhin seinem Hobby frönen. Da manchmal auch vergiftete Brocken ausgelegt werden, kann ihm diese Angewohnheit zum Verhängnis werden.

Spätestens jetzt müssen Sie energisch eingreifen!

In jedem Lebensalter: richtig gefüttert

Ihr Welpe hat andere Anforderungen an die Qualität und Menge seiner Nahrung als der erwachsene oder alternde Hund. Wird Ihr Hund krank und benötigt ein spezielles Diätfutter, so müssen Sie auch darauf Rücksicht nehmen.

Welpe und Junghund

Es ist sinnvoll, sich in der ersten Zeit an den Futterplan des Züchters zu halten. Es hat sich bewährt, Welpen mit acht Wochen vier Mahlzeiten am Tag anzubieten, mit drei Monaten bekommen sie drei Mahlzeiten. Die Mengenangaben im Futterplan können nur ungefähre Angaben sein. Junghunde ab etwa sieben Monaten werden noch zwei Mal täglich gefüttert. Der Junghund soll nicht zu dick sein. Kann man die Rippen unter der Haut sehen, ist er zu mager, muss man mit den Fingern richtig danach suchen, ist er zu dick. Kann man die Rippen fühlen, ist sein Gewicht in etwa richtig. Junge Hunde nehmen in der einen Woche mal mehr zu und bleiben dann in der nächsten vom Gewicht ungefähr gleich. Allerdings sollten Sie das Gewicht Ihres Hundes durchaus im Auge behalten: Welpen und Junghunde aller großen Rassen wachsen manchmal zu schnell. Mit diesem schnellen Wachstum können Skeletterkrankungen verbunden sein. Deshalb Vorsicht mit Mineralstoff- und Vitaminpräparaten in Verbindung mit spezieller Welpenkost. Auch ein Zuviel kann schaden.

Bei jungen Hunden ist ein Wechsel von Fressphasen und Zeiten der Appetitlosigkeit, etwa beim Zahnwechsel, normal. Wenn sich Ihr Junghund wohl fühlt und trotz weniger Futter lebhaft und fit ist, dürfen Sie ihn nicht mit Leckerbissen verwöhnen, nur um ihn zum Fressen zu bewegen. Wenn er erst einmal gelernt hat, dass er nur futtermäkelig zu werden braucht, um die besten Leckerbissen vorgesetzt zu bekommen, wird er bald nur noch Putenschnitzel und gebratene Leber „bestellen".

Der erwachsene Hund

Behalten Sie auch für den erwachsenen Hund zwei Mahlzeiten bei. Die tägliche Futtermenge auf einmal verfüttert, würde Magen und Kreislauf Ihres Hundes sehr belasten und die Gefahr einer Magendrehung erhöhen.

> **TIPP** Füttern Sie nicht immer zur selben Uhrzeit. Ihr Hund gewöhnt sich schnell an die festen Fressenszeiten. Im Urlaub oder auf längeren Fahrten lassen sich diese nicht immer einhalten.

Die Futtermenge ist abhängig von der Aktivität Ihres Hundes. Sie sollten dabei aber die Angaben der Futterhersteller kritisch prüfen: Ein zweistündiger Spaziergang mit Ihnen bedeutet noch keine Hochleistung für Ihren Hund und einmal pro Woche auf dem Hundeplatz macht aus ihm keinen Leistungssportler. Da viele Golden Retriever sowieso zur Fülle neigen, sollten Sie hier eher zurückhaltend sein. Wenn Sie Fertigfutter verwenden, können Sie ruhig ab und zu Sorte und Zusammensetzung wechseln, vorausgesetzt, Ihr Golden hat keinen empfindlichen Magen. Auch bei den erwachsenen Hunden gibt es verschiedene Fresstypen. Unter den Golden sind viele richtig futtergierig, haben immer Hunger und putzen wie ein Staubsauger jeden Krümel vom Boden. Andere dagegen sind eher mäkelig. Sie stehen vor dem Napf, nehmen zwei oder drei Happen und gehen dann mit beleidigtem Blick weg: „Du wagst es, mir so ein normales Futter anzubieten? Das kannst du selbst essen!" Lassen Sie sich dadurch nicht erweichen. Kontrollieren Sie das Futter, es könnte verdorben sein, aber wenn alles in Ordnung ist, bieten Sie es ruhig am Abend nochmals an. Wenn Sie einen Mäkeltyp besitzen, stellen Sie es eine Zeit lang trocken hin, es verdirbt nicht so schnell. Eingeweichtes Futter dagegen sollte am nächsten Tag nicht mehr angeboten werden, da es durchsäuert.

67

Der ältere Hund

Mit nachlassender Aktivität ändert sich auch der Nährstoffbedarf. Der Hund sollte mehr Kohlenhydrate bekommen, einen erhöhten Anteil an Getreide, Flocken oder Reis also. Der Proteinanteil sollte reduziert werden. Wenn Sie die Tagesfuttermenge auf mehrere Mahlzeiten verteilen, belastet dies seinen Organismus weniger. Achten Sie beim älteren Hund vor allem auch auf das Körpergewicht, weil er sich weniger bewegt als ein junger Hund. Im Futterladen werden spezielle Senior-Futter angeboten, Sie können aber auch ein Light-Futter für übergewichtige Hunde wählen. Lässt beim alten Hund der Geschmackssinn nach, frisst er oft schlechter. Versuchen Sie dann, die Schmackhaftigkeit des Futters zu erhöhen, indem Sie kleine Leckerbissen beimischen.

TIPP Übergewicht belastet die Gelenke und den Kreislauf!

Kontrollieren Sie beim älteren Hund öfter die Zähne auf Schäden und Abnützung, manchmal hängt das schlechte Fressen auch mit Zahnproblemen zusammen. Sie werden wahrscheinlich feststellen, dass er mit dem Abnagen von harten Knabbersachen Probleme hat. Er trägt dann den angebotenen Ochsenziemer oder Rinderkehlkopf lange mit sich herum, ohne ihn zerkauen zu können. Bieten Sie Ihrem Hund weichere Knabbersachen, wie Trockenpansen oder Leber an.

Wem gehört der Fressnapf?

Oft bekommen die frischgebackenen Welpenbesitzer den Rat, ihrem Welpen immer mal wieder den Futternapf oder den Kauknochen wegzunehmen, denn das müsse der Welpe widerstandslos von seinem „Chef" Mensch akzeptieren. Dies kann jedoch schiefgehen.

Viele Goldenwelpen reagieren auf solche Aktionen eher verwirrt und unsicher. Ständige Testsituationen – „Knurrt mein Hund am Fressnapf oder gibt er mir das Futter aus?" – können manchen Golden so nervös machen, dass er nicht mehr fressen will oder schon von vornherein den Napf verteidigt. Es scheint die Regel zu gelten: Wer das Futter erkämpft hat und daran frisst, darf es behalten und in Ruhe zu Ende fressen, gleich welche Stellung er innerhalb des Rudels einnimmt. Auch ein rangniederer Hund kann über Futter knurren, wenn ein ranghöherer Hund ihm zu nahe kommt, aber in der Regel lassen die Ranghöheren den anderen gewähren. Beobachtungen an Welpen und erwachsenen Hunden bestätigen dies. Die erwachsenen Hunde nehmen den Welpen Knabbersachen nicht weg, obwohl sie dazu kräftemäßig sehr wohl in der Lage wären und diese gerne selber fressen würden. Lässt dagegen ein Welpe seinen Trockenpansen liegen, gehen die erwachsenen Hunde sofort hin und nehmen sich die Beute. Wenn dann der Welpe wiederkommt, wird er angeknurrt, denn jetzt gehört sie den großen Hunden.

Die Folgerungen aus diesen Beobachtungen können Sie auch in Ihren Umgang mit dem Welpen übernehmen. Wenn der Welpe von Ihnen die Erlaubnis bekommen hat, an den Futternapf zu gehen und angefangen hat zu fressen oder aus Ihrer Hand einen Kauknochen erhalten hat und begonnen hat, an ihm zu nagen, dann sollten Sie ihn nicht mehr dabei stören oder versuchen, ihm das Fressen wegzunehmen.

Die Entscheidung, wann Sie Ihrem Hund das Fressen oder einen Kauknochen überlassen, liegt jedoch bei Ihnen. Lassen Sie den Hund zum Beispiel kurz sitzen und warten, dann geben Sie mit einem Hörzeichen den Weg frei. Danach aber gehört das Fressen Ihrem Hund.

Der Griff über die Lefzen kann in manchen Situationen lebenswichtig sein, er muss aber trainiert werden.

Etwas anderes ist es aber, dass Ihr Hund lernen muss, jederzeit einen gefundenen Gegenstand, ein Stück verdorbenes Fleisch oder altes Brot auszugeben. Das Ausgeben von solchen Dingen auf Ihren Befehl sollten Sie von Anfang an üben. Locken Sie ihn zu sich, fassen Sie mit dem gleichzeitigen Kommando „Aus!" von oben über die Schnauze und drücken Sie leicht gegen die Lefzen. Ihr Hund wird das Maul öffnen, Sie nehmen die Maus oder den Gegenstand mit Wertschätzung entgegen und loben den Hund. Sie können ihm auch im Tausch dafür ein Leckerchen oder ein Spielzeug anbieten.

TIPP
Loben Sie Ihren Welpen für alles, was er Ihnen bringt. Die tote Maus ist ein Geschenk an Sie!

Es ist sinnlos, wild gestikulierend und mit Neinrufen hinter dem Hund herzurennen – er wird immer schneller sein als Sie und in kurzer Zeit so gewitzt, dass er bei Ihren Rufen die Maus ganz schnell hinunterschluckt – 1 : 0 für Ihren kleinen Golden!

„Wartungsarbeiten" bei Ihrem Golden

Obwohl beim wenige Wochen alten Welpen noch nicht alle Pflegemaßnahmen so notwendig sind, ist es wichtig, den kleinen Kerl daran zu gewöhnen, dass Sie ihm ins Maul schauen, die Ohren oder die Pfoten kontrollieren oder das Fell nach Ungeziefer durchsuchen.

69

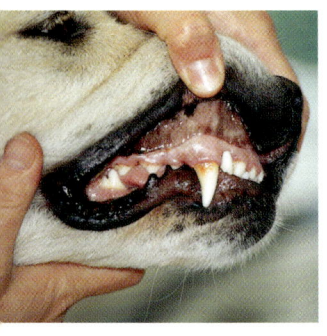
■ Leichter Zahnbelag kann mit den Fingernägeln abgekratzt werden.

Gebiss, Zähne und Zahnpflege

Kontrollieren Sie regelmäßig den Zustand der Zähne. Bei Zahnstein haben sich Kaustreifen mit zahnsteinlösenden Enzymen bewährt, die Sie im Futterladen erhalten. Nachdem sich der Zahnstein dadurch etwas gelöst hat, können Sie die Reste mit dem Fingernagel abkratzen. Regelmäßiges Zähneputzen kann Beläge ebenfalls verhindern. Benützen Sie eine weiche Zahnbürste und spezielle Hundezahnpasta. Wird Zahnstein nicht entfernt, kann er zu Karies und Zahnfleischentzündungen führen. Festsitzender Zahnstein muss unter Narkose entfernt werden.

Lassen Sie Ihren Hund nie Steine tragen oder apportieren. Die Zähne könnten abbrechen oder ein Teil des schützenden Zahnschmelzes kann absplittern. Beim Zahnwechsel (vierter bis siebter Monat) kann der junge Hund leicht fiebern, Durchfall haben oder irgendwie unleidlich sein und auch phasenweise schlecht fressen. Wenn Ihr erwachsener Hund schlecht frisst, üblen Mundgeruch oder vermehrten Speichelfluss hat, denken Sie an eine Erkrankung im Mundhöhlenbereich.

Haut und Fellpflege

Kämmen und Bürsten sind nicht unbedingt täglich, aber mindestens zweimal pro Woche notwendig. Verwenden Sie keine scharfen Stahlbürsten, denn wenn der Hund einmal schlechte Erfahrungen damit gemacht hat, lässt er sich nie mehr geduldig und entspannt bürsten! Das Bürsten soll eine angenehme Erfahrung sein.

> **TIPP**
> Der nasse Golden sollte immer gut abgerubbelt werden oder sich trockenlaufen können.

Baden mit Shampoo ist meist nur dann nötig, wenn sich Ihr Hund in frischem Mist gewälzt hat und Ihre Nase das nicht aushält. Verwenden Sie ein rückfettendes Spezialshampoo. Die Haut Ihres Retrievers braucht den Fettschutz, wenn er schwimmt, sonst saugt sich sein Fell mit Wasser voll. Dagegen ist das Abwaschen mit klarem Wasser kein Problem, wenn Sie nicht den starken Strahl aus dem Gartenschlauch direkt auf den Hund richten. Bei Regenwetter müssen Sie sich keine Gedanken machen. Ihr Hund ist ein Allwettermodell, dem Regen und Nässe normalerweise nichts ausmachen. In den ersten Monaten müssen Sie aber darauf achten, dass er sich nicht erkältet! Auch später darf Ihr Golden nicht mit nassem Fell im Kalten liegen.

■ Zeckenzange

Zecken gehören in unseren Breitengraden leider zur Tagesordnung! Auf dem hellen Fell Ihres Hundes sehen Sie „frische" Zecken zum Glück krabbeln. Später findet man

■ Baden in sauberem Wasser ist für den Golden das größte Vergnügen.

sie festgesaugt beim Kraulen des Hundes vor allem am Hals, auf dem Kopf oder an den Innenseiten von Ellbogen und Oberschenkel. Festgesaugte Zecken werden am besten mit einer Zeckenzange entfernt. Vorsicht jedoch beim Zerquetschen zwischen den Fingern – eine Übertragung von Infektionen auf den Menschen ist möglich. Zecken können FSME (Frühsommermeningitis) und Borreliose übertragen. Borreliose kann durch eine Blutuntersuchung nachgewiesen werden. Bei unklarem Krankheitsbefund, wenn Ihr Hund ungewöhnlich müde und schlapp ist oder unerklärliche Bewegungsstörungen hat, sollten Sie an eine Borrelioseinfektion denken und Ihren Tierarzt darauf ansprechen.

Flöhe holt sich jeder Hund im Laufe seines Lebens beim Spiel mit Artgenossen oder bei

TIPP
Sollten Sie nicht sicher sein, ob es sich bei kleinen dunklen Punkten um Flohkot oder um Schmutz handelt, legen Sie die abgesammelten Pünktchen auf ein feuchtes Küchentuch. Nach kurzer Zeit färben sich die schwarzen Punkte rötlich, da Flohkot aus verdautem Hundeblut besteht.

Häufiges Kratzen kann verschiedene Ursachen haben: Juckreiz durch Flohbefall, Allergien, Ekzeme, Hautverletzungen, oder es ist eine Übersprungshandlung.

anderen Gelegenheiten. Flöhe sind kein Zeichen von mangelnder Hygiene und Flohbefall muss Ihnen nicht peinlich sein. Peinlich sollte es Ihnen sein, wenn Sie die Flöhe lange nicht bemerken. Bei Flohbefall kratzt sich Ihr Hund häufiger als sonst. Wenn Sie das Fell um den Widerrist oder am Rücken im Bereich des Rutenansatzes gegen den Strich durchkämmen oder durchstreichen, sehen Sie kleine schwarze Punkte auf der Haut – den Kot der Flöhe. Meist sehen Sie aber Flöhe nicht springen, sie huschen eher blitzschnell durch die Haare.

Viele Flohmittel, die im normalen Zoohandel angeboten werden, helfen nicht zuverlässig. Am besten wenden Sie sich gleich an Ihren Tierarzt. Wenn Sie einen Flohbefall bemerkt haben, müssen Sie wissen, dass sich die Flöhe nicht ständig nur auf Ihrem Hund aufhalten, sondern auch auf der Decke, im Korb oder auf Ihrem Sofa. Eine Flohbehandlung des Hundes ist nur sinnvoll, wenn Sie gleichzeitig auch die Wohnung und die Umgebung des Hundelagers behandeln.

Augen und Ohren

Die Augenwinkel des Hundes sollte man morgens von den Absonderungen befreien, die sich im Laufe der Nacht angesammelt haben. Eine geringe Absonderung ist normal, doch ständiger eitriger Ausfluss gehört in die Behandlung durch einen Tierarzt!

Den äußeren Gehörgang können Sie beim Golden Retriever regelmäßig reinigen, aber nie dürfen Sie mit Wattestäbchen zu weit in den inneren Gehörgang hineinstochern, sonst könnten Sie das Trommelfell verletzen. Etwas braunes Ohrschmalz ist normal. Zur Reinigung des inneren Gehörgangs gibt es Mittel, die Sie in den Gehörgang einmassieren müssen. Der Hund schüttelt dann den gelösten Schmutz heraus, abschließend wischt man den äußeren Gehörgang und die Ohrmuschel sauber.

Krallen / Pfoten / Ballen

Ihr Golden Retriever sollte nach dem Standard runde, geschlossene Katzenpfoten mit entsprechend kurzen Krallen haben. Je nachdem, auf welchem Boden Ihr Hund vorwiegend läuft,

Krallenzange

wetzen sich die Krallen von alleine ab oder müssen geschnitten werden. Zum Schneiden gibt es spezielle Krallenzangen. Sind die Krallen zu lang, wächst das „Leben" innen auch weiter und die Krallen können nicht mehr gekürzt werden. Zu lange Krallen geben unschöne, gespreizte Pfoten und sind verletzungsanfällig. Besonders die Daumenkralle an den Vorderbeinen läuft sich nicht ab, der Hund kann leicht damit hängenbleiben. Bei den meisten Goldens wachsen die Haare an den Ballen zwischen den Zehen üppig. Dies sieht nicht nur ungepflegt aus, es kann dem Hund auch beim Laufen Probleme bereiten, wenn sich Schlamm zwischen den Zehen festsetzt oder sich im Winter Eisklumpen bilden. Daher sollten die Haare an der Ballenunterseite eben geschnitten werden. Kürzen Sie sie aber nicht weiter, zwischen den Zehen dienen die Haare als Schutz.
Vor allem Streusalz auf den winterlichen Straßen schadet den Ballen, sie werden wund und der Hund hat Schmerzen beim Laufen. Nach jedem Ausgang im Winter sollten Sie die Pfoten abwaschen und notfalls einfetten. Vermeiden Sie nach Möglichkeit, Ihren Hund auf stark gesalzenen Wegen auszuführen.

Bringen Sie die Schönheit Ihres Golden zur Geltung!

Beim Trimmen schneiden Sie das Fell an bestimmten Stellen so, dass die vorhandenen schönen Außenlinien des Hundes betont werden und kleinere Fehler überspielt werden können. Viele Rüdenbesitzer sind ganz besonders stolz auf die Löwenmähne ihres Hundes, die üppig an

73

■ Ein nicht getrimmter Golden-Rüde mit üppigem Fell.

der Brust nach unten wächst. Damit gerät der Hund aber meist aus den Proportionen, sein Vorderkörper wird stark betont, der Mittelbereich und seine Hinterhand sehen im Verhältnis dazu eher schmächtig aus. Ein üppig mit Fell bewachsener Hals sieht kürzer aus als er in Wirklichkeit ist. Wenn Hunde viel ins Wasser gehen, trocknet der Halsbereich unter dem üppigen Fell oft schlecht und es stellen sich Ekzeme ein. Manchmal beginnen die Hunde auch, an diesen Stellen übel zu riechen. Muss Ihr Golden im Jagdeinsatz viel im Gestrüpp arbeiten, kann ihn diese üppige Halskrause allerdings vor Verletzungen schützen.

TIPP

Trimmen: Mit der Effilierschere von unten nach oben tief ins Fell schneiden und dann die ausgedünnte Unterwolle herauskämmen.

Getrimmt wird an folgenden Stellen: Ohren, Hals, Brust, Vorderläufe von der Pfote hoch bis Ballen der Daumenkralle, Hinterbeine von der Pfote nach oben bis zum Sprunggelenk, Pfotenunterseiten und Rute. Nicht geschnitten wird die Befiederung an den Beinen und am Bauch. Für das fachmännische Trimmen brauchen Sie nur wenige Gegenstände: einen Kamm, eine Bürste, eine scharfe, glatte Schere und eine Effilierschere.

Kämmen Sie zunächst das ganze Fell durch und beseitigen Sie Verfilzungen oder Kletten. Mit der Effilierschere dünnen Sie die Haare an Brust und Hals aus. Der Ohrenrand wird mit der glatten Schere nachgeschnitten. Der Übergang zwischen Ohren und Hals sollte fließend sein. Am Rückenfell wird meist nichts verändert. Die Rute bekommt mit der glatten Schere den schönen typischen Bogen, die Haare sollten mindestens eine Handbreit lang bleiben. An den Hinterbeinen schneiden Sie zunächst mit der glatten Schere die Haare an der Pfotenunterseite eben. Danach trimmen Sie mit der Effilierschere die überstehenden Haare an der Rückseite des Vordermittelfußes bis zum Sprunggelenk glatt. An den Vorderbeinen schneiden Sie ebenfalls die Pfotenunterseiten eben und glätten dann mit der Effilierschere das Fell bis zum Daumenballen.

Die ganze Prozedur kann je nach Fellanlage mehr als eine Stunde dauern. Daher sollten Sie, vor allem beim jungen Hund, die Arbeiten auf mehrere Tage verteilen, damit Sie die Geduld Ihres Hundes nicht überstrapazieren. Hören Sie auf, bevor Sie mit Ihrem zappelnden Hund die Geduld verlieren und machen Sie weiter, wenn er vielleicht sowieso schon etwas müde und ruhiger ist. Lassen Sie sich bei einer Trimmvorführung oder einem Ringtraining genau zeigen, wie Sie vorgehen müssen.

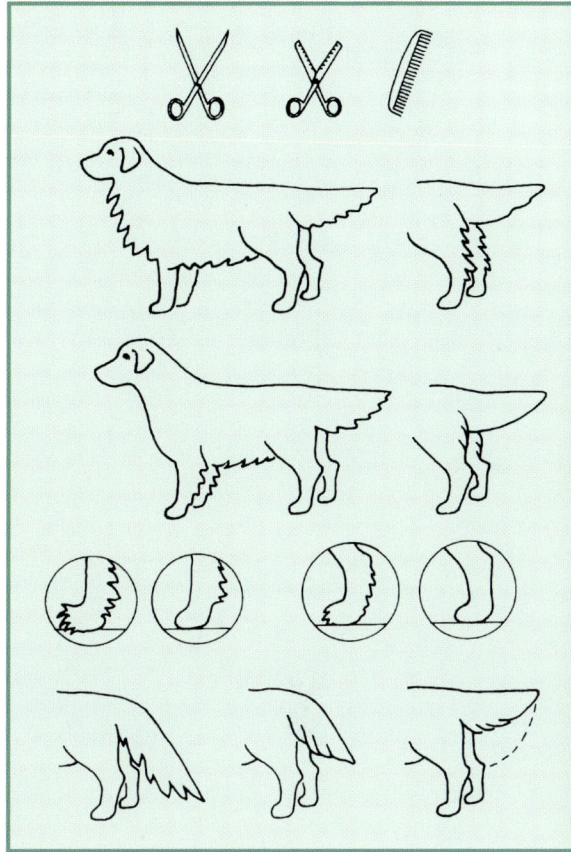

Die Grafik verdeutlicht, an welchen Stellen und wie der Golden getrimmt werden muss.

Links: Werkzeug zum Trimmen: Scharfe Schere, Kamm und Effilierschere.

75

Ein Golden fällt nicht wohlerzogen vom Himmel

■ Rechte Seite:
Ein Ausdruck von „will to please" in den Augen: Und was machen wir jetzt?

Die Erziehung Ihres Golden Retrievers sollte einen großen Raum in Ihrer Planung einnehmen. Sie wünschen sich einen wohlerzogenen Begleiter, Ihr Hund möchte eine Aufgabe und Ihre Mitmenschen erwarten zu Recht, dass sich ein so großer Hund wie der Ihre gut benimmt.

Richtige Verständigung von Anfang an

Im Welpenalter lernt Ihr Golden Dinge, die im täglichen Leben wichtig sind und den Umgang mit Menschen oder anderen Sozialpartnern. Was hier verpasst wird, kann später nur schwer nachgeholt werden. Ihr Welpe wird erst nach und nach lernen, dass bestimmte Wörter immer wiederkehren und eine bestimmte Bedeutung haben. Dies gilt auch für andere Verständigungssignale wie Hand- oder Pfeifzeichen. Nur weil Sie ganz genau wissen, was „Sitz!" bedeutet und was Ihr Hund bei diesem Kommando tun soll, weiß es Ihr Kleiner noch lange nicht. Sie müssen es ihm erst zeigen. Das setzt aber voraus, dass Sie und alle, die an der Erziehung des kleinen Golden beteiligt sind, zunächst überlegen, welche Kommandos Sie verwenden wollen und was Ihr Hund dann genau tun soll. Wie soll der Welpe sonst begreifen, welche Ausführung zu welchem Kommandowort gehört, wenn sich die Menschen darüber schon nicht einig sind?

Ihre Körpersprache spielt bei der Verständigung mit dem Hund eine ganz wichtige Rolle. Hunde unterhalten sich untereinander überwiegend über Körpersprache und achten auch beim Menschen eher auf dessen Körpersignale als auf verbale Mitteilungen. Leider kommt es oft gerade in diesem Bereich zu großen Missverständnissen zwischen Hund und Mensch, denn der Hund kann Ihre Körpersprache völlig anders deuten, als das, was Sie bewusst oder unbewusst ausdrücken möchten. Ihre Stimme sollte im allgemeinen Umgang mit dem Hund ruhig, gelassen und eher leise sein. Der Welpe hört auf Ihren Tonfall, den Worten schenkt er zunächst weniger Beachtung, ihre Bedeutung lernt er erst später kennen.

> **TIPP**
> Probieren Sie aus, wie Sie Ihren Hund anspornen und motivieren oder wie Sie mit Ihrer Stimme hemmend oder beruhigend auf ihn einwirken können.

Wie begreift Ihr Retriever, was Sie von ihm wollen?

Wenn Sie ein Wort als Kommando verwenden wollen, sollte dies möglichst kurz und kein langer Redeschwall sein. Nicht: „Sammy, jetzt setz dich her zu mir und sei brav!" – Sondern: „Sammy, sitz!" Jede Handlung braucht ein eigenes Kommando. Nicht: „Mach Platz!" für verschiedene Handlungen. Was soll Ihr Hund jetzt tun? Aus dem Weg gehen, sich hinlegen oder auf seinen Platz am Kamin gehen?

Pfeifsignale mit der Hundepfeife oder Handzeichen müssen sich ebenfalls sehr gut voneinander unterscheiden lassen. Geben Sie Ihrem Welpen die Möglichkeit, Ihr Kommando auch wahrzunehmen. Wählen Sie also für die Erziehung zunächst eine ruhige Umgebung mit möglichst wenig Ablenkung und konzentrieren Sie sich ganz auf Ihren Kleinen. Am besten lernt Ihr Welpe, wenn Sie ihm in dem Moment ein Kommando geben, in dem er dabei ist, die gewünschte Handlung auszuführen. Damit Ihr Hund Kommando und Handlung verknüpfen kann, ist das richtige „Timing" von entscheidender Bedeutung.

Beispiel: Sie wollen Ihrem Kleinen „Sitz" beibringen. Dann könnten Sie warten, bis er dabei ist, sich von alleine hinzusetzen, gleichzeitig geben Sie ihm das Kommando für „Sitz". Sobald er sich gesetzt hat, erhält er eine Belohnung. Diese Art, dem Hund etwas beizubringen, ist der Idealfall, bedeutet aber auch, dass Sie den Hund die ganze Zeit sehr genau beobachten müssen, damit Sie zum richtigen Zeitpunkt das genau zur Handlung passende Kommando geben können. Sie können beim aktiven Lernen etwas nachhelfen, indem Sie den Hund motivieren, eine bestimmte Handlung auszuführen. Um das „Sitz" zu lernen, halten Sie eine Futterbelohnung Ihrem Kleinen so vor die Nase, dass er sie wahrnehmen kann, dann bewegen Sie Ihre Hand leicht nach oben/hinten. Der Welpe wird sich automatisch hinsetzen, weil er das Futter erreichen will. In diesem Moment geben Sie ihm das Kommando für „Sitz" und der Hund bekommt die Belohnung sofort, wenn er sich hingesetzt hat.

Wenn Sie ihm etwas verbieten müssen

Achten Sie hierbei ganz besonders darauf, dass Ihr Welpe die Korrektur auch mit seinem „Fehlverhalten" verbinden kann. Fehler im Timing oder im Strafmaß können sehr verhängnisvoll sein. Bei nicht oder falsch ausgeführten Kommandos überprüfen Sie bitte zunächst, ob Sie selbst alles dafür getan haben, dass der Welpe ein Kommando richtig ausführen konnte. Tut der Welpe etwas Unerlaubtes und Sie wollen ihm dies verständlich machen, geht das nicht mit Schimpfen und Unmutsäußerungen. Dies versteht er nicht, er könnte höchstens Angst vor Ihnen und Ihrem aufgebrachten Verhalten bekommen. Schon wenn Ihr Welpe damit beginnt, etwas Verbotenes zu tun, müssen Sie eingreifen.

Auf falsches Verhalten des Welpen müssen Sie jedesmal sofort reagieren!

Lassen Sie ihn nicht erst eine ganze Weile am Stromkabel kauen. Brüllen Sie ihm auch nicht in Panik Ihr „Nein, Aus, Pfui!" entgegen, er würde vielleicht kurz aufhören, nach einer Schrecksekunde jedoch weitermachen. Gehen Sie zu ihm hin, sagen Sie ruhig, aber bestimmt und nachdrücklich „Nein" oder „Pfui" und nehmen Sie ihm gleichzeitig das Kabel aus dem Maul. Viele Golden reagieren sehr gut auf dieses mit deutlich tadelnder Stimme vorgebrachte „Nein". Kommen Sie erst später dazu und sehen die Bescherung, können Sie sich zwar ärgern, es hätte jetzt aber keinen Sinn mehr, den Hund zurechtzuweisen. Strafe, die er nicht versteht und mit seiner Tat nicht in Verbindung bringen kann, zerstört das Vertrauen des

> **TIPP** Das Wort „Aus" als Aufhörkommando ist für den Golden nicht so gut geeignet. Später, bei der Apportierarbeit, soll der Retriever auf das Kommando „Aus!" den apportierten Gegenstand seinem Besitzer in die Hand geben.

Hundes in Sie. Lachen Sie auch nicht innerlich über den drolligen kleinen Kerl, wenn Sie ihm gleichzeitig etwas verbieten wollen. Ihr Hund kann gut unterscheiden, ob Sie es ernst meinen oder nicht.

Ihre Mühe zahlt sich aus

Golden Retriever sind leichtführig, intelligent und wollen etwas tun. Diese Eigenschaften dürfen aber nicht so interpretiert werden, dass sich der Golden praktisch von alleine erzieht und Sie ihn nur an seine guten Anlagen erinnern müssen. Ihr Golden wird vielleicht trotz korrekt aufgebauter Fuß-Übung immer mal wieder ganz kräftig an der Leine ziehen und sich überhaupt nicht an Ihnen orientieren wollen. Wenn Sie mehr Energie und Ausdauer aufwenden müssen, als Sie sich vielleicht zunächst gedacht hatten, ist dies durchaus normal und macht weder Sie zum schlechten Hundehalter noch Ihren Golden zum schwer erziehbaren Hund. Halten Sie durch, Ihre Mühe lohnt sich. Rufen Sie sich folgende Punkte beim Üben immer wieder ins Gedächtnis:

- Reagieren Sie schnell, vorausschauend und konsequent!
- Ihre Ruhe, Gelassenheit und Geduld sind wichtige Voraussetzungen für das Lernen.
- Machen Sie Ihren Hund nicht für Fehler verantwortlich, die Sie selbst verursacht haben.
- Wenn Sie während des Übens immer lauter, ungeduldiger und unzufriedener werden und Ihr Hund dabei immer weniger richtig macht, ist es Zeit, Methode und Vorgehen neu zu durchdenken.
- Reden Sie weder im Alltag noch während des Übens pausenlos auf den Hund ein und belohnen Sie ihn nicht ständig oder grundlos.
- Sinnvoll sind mehrere kurze, vorher durchdachte und auf den Tag verteilte Übungssequenzen.
- Die ideale Ausbildungsmethode, die immer und bei jedem Hund funktioniert, gibt es nicht.

TIPP Leckerle und Freudenäußerungen sind oft hilfreich, um den Hund zu belohnen. Ein Zuviel an Action und Futter schaden eher, weil aufgedrehte Hunde sich vor lauter Begeisterung nicht mehr auf die eigentliche Aufgabe konzentrieren können.

Überlegen Sie, welche Kommandos Ihr Hund lernen soll. Beschränken Sie sich zunächst auf die für das Alltagsleben notwendigen Kommandos, wie Sitz, Platz, Hier und an der Leine gehen.

Dabei unterscheiden wir bewusst zwischen Fußgehen und lockerem Mitlaufen an der Leine. Korrektes Fußgehen bedeutet im Hundesport, dass der Hund auf der linken Seite des Hundeführers mit dem Schulterblatt in Kniehöhe mitläuft und jede Wendung und jeden Tempowechsel ohne Verzögerung mitmacht. Dieses korrekte Fußgehen ist anstrengend und kann nicht über einen längeren Zeitraum erwartet werden. Kein Hund kann einen ganzen Spaziergang lang korrekt Fußgehen. Dennoch müssen Sie Ihren Hund immer wieder einmal in bestimmten Situationen über eine lange Strecke an der Leine führen und können ihn nicht frei rennen lassen. Dabei darf er auch mal schnuppern, stehen bleiben oder das Bein heben, aber er soll nicht mit heraushängender Zunge hechelnd ständig an der Leine ziehen. Für dieses Mitgehen an lockerer Leine sollten Sie nicht das Kommando „Fuß" verwenden.

Ganz wichtig ist es, dem Hund nicht nur zu sagen, dass er etwas Bestimmtes tun soll, sondern auch, wann damit Schluss ist. Loben allein genügt nicht. Suchen Sie ein Auflöse-Kommando, durch das Sie die Übung beenden. Sonst lernt der Hund leider sehr schnell, mit den Übungen nach eigener Lust und Laune aufzuhören.

Ausrüstungsgegenstände für die Ausbildung

Halsband, Leine, eine Pfeife und ein Dummy in Normalgröße sind die Dinge, die Sie mindestens brauchen. Ein normales Halsband mit einer festen, eventuell längenverstellbaren Leine, die Sie dann auch als Umhängeleine verwenden können, ist sinnvoll. Einen Retrieverstrick/Moxonleine können Sie dann verwenden, wenn Sie eine gute Anleitung dazu von Ihrem Ausbilder bekommen, der richtige Einsatz dieser Leine hängt von der Handhabung ab.

Für die Ausbildung des Retrievers hat sich der Einsatz einer Doppeltonpfeife bewährt. Die Pfeife reicht weiter als Ihre Stimme und bietet die Möglichkeit, den Golden auf Entfernung zu lenken. Viele Goldenbesitzer erzählen enttäuscht, sie hätten nun extra eine dieser empfohlenen Pfeifen gekauft und ihr Golden würde dennoch nicht herkommen. Natürlich nicht, denn die Bedeutung der Pfeifsignale muss der Hund erst erlernen, eine Pfeife alleine ist kein Zaubermittel! Zunächst ist dazu immer eine Verknüpfung mit dem bereits eingeführten Handzeichen oder dem verbalen Kommando nötig. In der Grundausbildung kann Ihr Golden die Pfeifsignale für Hier, Sitz und Platz erlernen.

Zughalsbänder müssen einen Stopp haben.

Pfeifsignale:
Herkommen: Zwei kurze Pfiffe Einfachton Tüt – Tüt mit deutlicher Pause dazwischen.
Sitz oder Halt: Ein langer Pfiff Einfachton Tüüüüüüüüt (so lange Ihr Atem reicht bzw. bis der Hund sitzt).
Platz oder Notbremse: Ein mehr oder weniger langer Trillerton Trrrrrrrrrr !

83

Junghunde- und Begleithundeausbildung – Prüfungen

Ideal ist es, wenn Sie einen Kurs besuchen können, der von den Retrieververeinen angeboten wird. Hier ist das ganze Programm auf Retriever abgestimmt, von der Methodik bis hin zu den retrieverspezifischen Fächern wie dem Apportieren. Der Vorteil einer gemischten Gruppe dagegen wäre, dass Ihr Hund Erfahrungen mit anderen Rassen mit all ihrer Verschiedenheit in Temperament und Ausdrucksweise machen kann. Sinn der Erziehungskurse ist das gemeinsame Üben unter Anleitung und Ablenkung. Die meisten Erziehungskurse lehren den Grundgehorsam, am Ende steht oft die Begleithundeprüfung. Gerade wenn Sie auf eine Prüfung hinarbeiten wollen, ist es sehr zu empfehlen, vorher einige Zeit in einer Gruppe zu üben. Ihr Ausbilder kennt die Prüfungsordnung, die je nach Verband variiert und kann Ihnen wertvolle Tipps dazu geben. Achten Sie bei der Auswahl des Ausbildungskurses darauf, wie und mit welchen Methoden in den Gruppen gearbeitet wird.

Apportieren

Die meisten Golden tragen gerne Dinge mit sich herum. Erlauben Sie Ihrem jungen Hund dies soweit als möglich. „Verbotene" Gegenstände räumen Sie aus seiner Reichweite. Beim Apportieren lenken Sie diese Tragefreudigkeit in geregelte Bahnen. Nicht jeder Golden apportiert von Anfang an gerne, nur weil er zur Gruppe der Retriever gehört. Sie werfen einen Ball weg und Ihr Hund rennt ihm hinterher, spielt damit und manchmal kommt er damit zu Ihnen zurück? Das ist mit „Apportieren" nicht gemeint. Apportieren heißt: Sie werfen einen Gegenstand weg, der Retriever merkt sich die Fallstelle (Marking) und rennt erst auf Ihre Aufforderung (Steadyness) auf direktem Weg dorthin, nimmt den Gegenstand auf und bringt ihn schnell und ohne zu Zögern auf direktem Weg zu Ihnen zurück (Apport). Er hält ihn so lange im Fang, bis Sie ihm den Gegenstand mit einem Kommando abnehmen. Bis dieser komplexe Vorgang beherrscht wird, braucht es Zeit und viel Geduld.

> **TIPP**
> Während des Zahnwechsels Ihres Golden sollten Sie Apportierübungen nicht oder nur eingeschränkt durchführen. Auf dem Dummy herumzukauen kann beim Zahnen Erleichterung verschaffen. Es ist aber schmerzhaft, wenn ein lockerer Welpenzahn im Dummy steckenbleibt.

Bei den Retrievern verwenden Sie zum Apportieren ein Stoff-Dummy. Ein Dummy kommt dem Retriever mit seinem weichen Griff eher entgegen als ein hartes Apportierholz. Ursprünglich sollte ein Retriever ja auch Enten und Fasane unversehrt zurücktragen, ohne ihnen durch hartes Zubeißen die Rippen zu brechen. Das Dummy wird nur für Apportierübungen verwendet. Ist die Übung beendet, so nehmen Sie das Dummy wieder an sich. Zum Spielen hat Ihr Golden andere Gegenstände. Sie können schon mit Ihrem Welpen erste Apportierübungen mit dem Welpendummy machen. Im Vordergrund steht hier die Freude am Dummy, das begeisterte Zurückbringen zum Menschen und auch, dass er das Dummy selbstverständlich ausgibt. Wichtig ist dabei, ihm den Spaß am Dummy unter allen Umständen zu erhalten. Er soll aber nicht darauf herumknautschen oder das Dummy zernagen. In diesen Fällen nehmen Sie es ihm kommentarlos weg und tauschen es vielleicht gegen ein Spielzeug.

Beabsichtigen Sie, mit Ihrem Golden Retriever später auch jagdlich zu arbeiten, ist es sinnvoll, ihn schon als jungen Hund an den Geruch, das Aufnehmen und Tragen von Wild zu gewöhnen. Apportieren ist eine viel zu ernsthafte Beschäftigung, als dass dies im Rahmen dieses Buches auch nur annähernd richtig beschrieben werden könnte. Apportieren ist die Beschäftigung, für die der Golden gezüchtet wurde, die ihm liegt und bei der er alle Fähigkeiten, die er hat, einsetzen und trainieren kann.

Später können Sie in Dummykursen folgende Bereiche des Apportierens mit Ihrem Golden üben: Marking, Verlorensuche, Einweisen, Apportieren in der Gruppe in jagdnahen Situationen, Gehorsam und Steadyness. Voraussetzungen für die Teilnahme sind Schussfestigkeit, guter Grundgehorsam, Apportierfreude und Ausdauer des Hundes, sowie körperliche Fitness von Hund und Mensch.

Dieser Welpe trägt zum ersten Mal einen Fasan im Fang.

TIPP Dummyprüfungen und Working Tests werden von den Retrieververbänden angeboten.

Nicht warten, bis es Probleme gibt

Es ist sinnvoller, unerwünschte Verhaltensweisen bei Ihrem Hund erst gar nicht entstehen zu lassen. Sie ihm nachher wieder mühevoll aberziehen zu müssen, ist viel schwieriger.

Ins Wasser gehen beide gerne, sonst sind sie ganz verschieden. Miteinander klarzukommen, müssen sie als junge Hunde lernen.

Golden und Jagdtrieb

Jagdhund ist nicht gleich Jagdhund. Auch wenn Ihr Golden lieber apportiert als stöbert, sollten Sie ihn nicht unkontrolliert im Dickicht herumsuchen lassen. Mit etwas Konsequenz von Jugend an bleibt der Golden im Wald auf den Wegen und kann sich an einen bestimmten Radius um Sie herum gewöhnen, in dem er noch in Ihrem Einwirkungsbereich ist, meist eine Entfernung von etwa 20 – 25 Metern. Immer wenn sich der junge Golden zu weit entfernt, rufen Sie ihn zurück, und versuchen Sie, wichtiger zu werden als alles, was sich im Wald abseits der Wege befinden könnte. Notfalls arbeiten Sie eine Zeit lang mit der langen Feldleine. Hier hat der Hund genügend Bewegungsfreiheit und ist dennoch stets kontrollierbar. Es ist möglich, ihn an ein Kommando wie „Bleib Weeeeg" oder „Daaaableiben" zu gewöhnen.

Hundebegegnungen

Auch wenn Ihr Golden Retriever ein freundliches Naturell hat und andere Hunde liebt, lassen Sie es bitte trotzdem nicht zu, dass Ihr Junghund an der Leine auf jeden anderen Hund zurennt und mit diesem Kontakt aufnimmt. Sie brauchen kein schlechtes Gewissen zu haben, wenn Sie über diese Begegnungen entscheiden, denn Sie nehmen ihm nicht die Lebensfreude, wenn er nicht mit jedem Hund spielen darf, der ihm über den Weg läuft. Ihr Golden muss lernen, dass er ruhig und konzentriert bei Ihnen bleibt, auch wenn ein anderer Hund in Sicht kommt. Wenn nichts dagegen spricht, darf Ihr Golden natürlich auch spielen. Lassen Sie ihn in diesem Fall in Ruhe absitzen, leinen Sie ihn ab und geben ihn mit einem „Lauf!" oder so ähnlich frei.

Gehört Ihr Golden zu denen, die manchmal unfreundlich auf andere Hunde reagieren – auch das gibt es! –, geraten Sie nicht in Panik. Ihr Golden kann lernen, anderen Hunden neutral zu begegnen. Je gelassener Sie sich in solchen Situationen verhalten, desto mehr wird Sie Ihr Hund als Vorbild wahrnehmen.

Viele Retrieverbesitzer treffen sich gerne mit anderen, um gemeinsam spazieren zu gehen und um ihren Hunden etwas Gutes zu tun. Regelmäßige Hundekontakte fördern die sozialen Fähigkeiten Ihres Golden, aber nicht für jeden Golden ist ein langer Gruppenspaziergang mit vielen Hunden geeignet. Ganz junge, kranke oder ältere Hunde sind sehr schnell körperlich

> **TIPP**
> Beim zwanglosen Zusammentreffen mit frei laufenden Artgenossen lernt Ihr Golden, dass er mit manchen wunderbar spielen, anderen aber problemlos aus dem Weg gehen kann.

überfordert. Hektische oder ängstliche Golden kommen in einer größeren Hundegruppe oft überhaupt nicht mehr zur Ruhe. Für sie ist ein weniger aufregender Spaziergang in einer Kleingruppe sinnvoller. Unfreundliche Golden könnten auf einem gemeinsamen Spaziergang sicher bessere Umgangsformen lernen, es kommt jedoch auf die Zusammensetzung einer solchen Hundegruppe an. Wenn Sie nur noch damit beschäftigt sind, von Rauferei zu Rauferei zu springen und Ihren Hund unter Kontrolle zu bringen, dann hat so ein Spaziergang nicht viel Sinn und macht auch keinen Spaß. Besser wäre in diesem Fall eine Gruppe von nur wenigen Hunden, in der Sie ganz gezielt mit Ihrem Golden das Wohlverhalten anderen Hunden gegenüber üben können.

Kritische Begegnungen

Die meisten Golden Retriever suchen keinen Streit, trotzdem können Sie und Ihr Hund in kritische Situationen kommen. Spielen Sie in Gedanken gefährliche Hundebegegnungen durch. Wenn Sie erst einmal von einer solchen Situation überrascht werden, werden Sie nur schwer einen kühlen Kopf behalten und richtig reagieren.

Stellen Sie sich folgende Situation vor: Sie gehen mit Ihrem angeleinten Golden spazieren, es kommt Ihnen ein fremder Hund entgegen, der sehr deutlich erkennen lässt, dass seine Absichten nicht friedlich sind; der dazugehörige Mensch ist noch weit entfernt. Sie können Ihren

87

Mit Mami kann man prima spielen. Die Mutterhündin gibt dem Welpen die Gelegenheit seine Kräfte zu erproben.

Hund auch nicht ableinen, die Gefahr, dass er auf eine Straße rennt, wäre zu groß. Was können Sie tun? Ehrlich gesagt, eine Patentlösung gibt es nicht, weil das Verhalten des fremden Hundes nicht einzuschätzen ist.

Was wäre möglich? Gelassen bleiben und einfach weitergehen! Was so einfach klingt, muss vorher trainiert werden. Sie können Ihrem Golden beibringen, auf ein Kommando dicht bei Ihnen Fuß zu gehen und auf nichts anderes mehr zu achten. Entscheidend ist, dass Ihr Hund sich nicht umdreht und den anderen Hund, der ihm ja hinterherläuft, versucht anzuschauen. Warum ist dieses Verhalten oft erfolgreich? Ihr Hund und Sie ignorieren jeglichen Versuch des fremden Hundes, Ihren Hund in eine nette kleine Rauferei zu verwickeln. Wenn Sie es schaffen, cool zu bleiben und den anderen Hund einfach „im Regen stehen zu lassen", gibt er oft nach einiger Zeit auf.

In sicherem Gelände können Sie Ihren Golden auch von der Leine lassen und selbst zügig weitergehen. Bleiben Sie nicht stehen, sagen Sie nichts, beachten Sie die Hunde so wenig wie möglich. In den meisten Fällen verläuft die Begegnung ohne großen Kampf: Die Hunde umkreisen sich mit hoch erhobenen Ruten und versuchen, sich gegenseitig einzuschüchtern. Nach einiger Zeit lösen sie sich voneinander, Ihr Hund wird Ihnen nachkommen. Entscheidend für den Ablauf einer solchen Begegnung ist, dass die Besitzer der Hunde weit genug von den vierbeinigen Helden weg sind und ihnen so keine Unterstützung und Stärke vermitteln können.

Raufereien

TIPP Machen Sie sich klar, dass Eingreifen in eine Hunderauferei für Sie nicht ungefährlich ist. Die Hunde sind für keine Kommandos mehr zugänglich, sie unterscheiden nicht mehr, ob sie in den Gegner oder in die Hand des Besitzers beißen.

Aus einer solchen Situation kann eine Rauferei als ritualisierte Auseinandersetzung entstehen, die schlimmer aussieht als sie ist. Das Knurren hört sich bedrohlich an und es sieht gefährlich aus, wenn sich die Hunde ineinander verknäueln und dann einer über dem anderen steht. Der Unterlegene darf sich nicht mehr rühren, jede Bewegung würde den Stärkeren zu weiterem Knurren und vielleicht zum Zubeißen reizen. Zeigen beide Hunde, dass sie diesen Ritualkampf beherrschen, dann greifen Sie nicht ein! Der größte Fehler wäre, den Unterlegenen wegzurufen: Er würde sich bewegen, um Ihrem Kommando Folge zu leisten und das würde sofort eine weitere aggressive Reaktion des Überlegenen auslösen. Im Notfall könnte man den Überlegenen wegrufen, aber dies setzt schon einen fast perfekten Gehorsam dieses Hundes voraus. Also bleibt Ihnen nichts anderes übrig, als zu warten, bis sich die Hunde voneinander lösen, oft erst nach mehreren Minuten!

Wenn Sie merken, dass einer der Hunde diesen Ritualkampf nicht beherrscht, das heißt, die Unterwerfungsgeste des unterlegenen Hundes nicht erkennt oder akzeptiert, oder sofort ernsthaft angreift, fest zubeißt und schüttelt, können Sie nicht mehr ruhig zusehen. Den allseits empfohlenen Eimer mit kaltem Wasser haben Sie aber nicht im Gepäck und Ihre Kräfte reichen nicht, zwei große, raufende Hunde auseinanderzuziehen. Es kann helfen, ein knallendes Geräusch zu machen oder einen Gegenstand zwischen die Hunde zu werfen. In der damit erzeugten Schrecksekunde müssen beide Besitzer beherzt eingreifen und die Hunde trennen.

Damit es Ihrem Golden nicht langweilig wird

Es gibt viele Möglichkeiten, Ihren Golden zu beschäftigen, ihn körperlich und geistig zu fordern, gleichzeitig den Gehorsam weiter zu vervollkommnen und die Bindung zu Ihnen und Ihrer Familie auszubauen. Sie werden staunen, was er alles kann.

Schon den alltäglichen Spaziergang sollten Sie abwechslungsreich und spannend gestalten. Verläuft Ihr Spaziergang eintönig, immer nach dem gleichen Muster auf den gleichen Wegen und ohne große Anregungen von Ihrer Seite, wird Ihr Hund sich bald nach einer spannenderen, aber vielleicht unerwünschten Beschäftigung umsehen. Er wird in Mauselöchern graben, Krähen jagen oder im Wald verschwinden. Es ist langweilig, mit Ihnen spazierenzugehen!

Beschäftigen Sie sich auf jedem Spaziergang bewusst mit Ihrem Hund. Sie können kurze Gehorsamsübungen einbauen, eine neue Gegend kennenlernen, Versteck- und Suchspiele veranstalten oder einfach nur zusammen am Bach plantschen.

> **TIPP**
> Entdecken Sie die Wege Ihrer Umgebung – jeden Tag eine neue Strecke bedeutet Abwechslung für Sie und Ihren Golden!

Laufen am Fahrrad und Pferd

Ihr Golden kann am Fahrrad mitlaufen, mit Ihnen joggen oder Sie bei Ihren Ausritten mit dem Pferd begleiten – allerdings erst, wenn er alt genug dafür ist. Hund und Pferd sollten sich davor beim Spazierenführen aneinander gewöhnen können. Bevor Sie ein Ausdauertraining beginnen, sollten Sie den Hund auf HD und ED röntgen und seine Gesamtkonstitution vom Tierarzt untersuchen lassen. Beginnen Sie mit kurzen Strecken in langsamem Tempo und auf ruhigen Wegen. Stei-

91

gern Sie die Anforderungen sehr behutsam. Aber denken Sie daran: Je mehr Kondition Sie antrainieren, desto mehr Bewegung fordert Ihr Hund täglich. Sinnvoll ist ein eigenes Kommando für das Laufen am Fahrrad oder Pferd. Ausdauertraining im gleichmäßigen, aber nicht übertriebenem Trab sorgt für Kondition, gute Bemuskelung und Durchblutung und es festigt die Gelenke.

Beschäftigungsmöglichkeiten

Auch wenn Sie nur einen Familienhund wollen, beschäftigen müssen Sie ihn in jedem Fall. Es gibt Möglichkeiten für fast jeden Golden und für fast jede Umgebung. Sie können ruhig verlaufende Suchaufgaben stellen, bei denen Ihr Golden Konzentration und Ausdauer zeigen muss. Bei gemeinsamen Fang- oder Wurfspielen kann sich der Hund so richtig austoben und müde rennen. Ihr Golden kann auch lernen, auf ein Kommando hin verschiedene Gegenstände zu tragen und zu bringen. Ihrem Einfallsreichtum sind hier kaum Grenzen gesetzt. Achten Sie allerdings darauf, dass trotz Spiel und Spaß der Gehorsam nicht auf der Strecke bleibt, wilde Tobespiele sollten Sie jederzeit abbrechen können. Geben Sie keine Kommandos, die im täglichen Übungsbetrieb für Verwirrung sorgen könnten und lassen Sie den Hund auch beim schönsten Spiel nie Dinge tun, die ihm sonst verboten sind.

Golden Retriever sind nicht die schnellsten und wendigsten Hunde. Dennoch gibt es viele, die gerne und mit gutem Erfolg in den Bereichen Agility oder Breitensport arbeiten. Der Golden eignet sich auch gut für die Fährtenarbeit, da der Hund dabei seine Nase einsetzen muss und ruhig und eher bedächtig arbeiten soll.

> **TIPP**
> Das macht Ihrem Golden Spaß: Tannenzapfen suchen, über Baumstämme klettern, im Karton versteckte Leckerchen aufspüren, Zeitung holen oder kleine Tricks lernen.

Jagdliche Arbeit

Wenn Sie Ihren Hund jagdlich ausbilden wollen, haben Sie zwar eine Arbeit gewählt, für die er besonders geeignet ist, die aber auch viel Zeit und Engagement verlangt. Können Sie Ihrem Hund auch nach der Ausbildung im jagdlichen Bereich eine Einsatzmöglichkeit bieten? Er hat dann gelernt, auf einer Schleppspur zum Stück zu kommen. Macht er das im Alltag auf dem Spaziergang, bekommen Sie vielleicht mit Ihrem Jagdpächter Ärger. Können Sie selbst totes Wild anfassen und genug Begeisterung aufbringen, wenn Ihr Golden mit einem halbverwesten Eichhörnchen aus dem Wald zurückkommt? Viele sonntägliche Spa-

ziergänger reagieren mit Unverständnis, wenn Ihr Hund eine Schlepp-wild-Ente aus dem Wasser apportiert. Sie brauchen für das Üben jagdlicher Aufgaben ein geeignetes Gelände und das Einverständnis des zuständigen Jagdpächters.

Wenn Sie keinen Jagdschein haben, können Sie nur mit kaltem (= totem) Wild arbeiten. Eingesetzt werden in der Regel Enten, Kaninchen und Fasane. Bei der jagdlichen Arbeit trainieren Sie folgende Bereiche: Arbeit auf der Schleppspur, Einweisen, Verlorensuche, Apportieren aus dem Wasser mit Schuss, Gehorsam und Standruhe und möglicherweise Schweiß. Die örtlichen Kreisjägervereinigungen sind oft sehr aufgeschlossen und nehmen auch Nicht-Jagdscheininhaber in ihre Übungsgruppen auf. Sie wären nicht der erste Golden Retriever-Besitzer, der seinem Hund zuliebe und mit wachsender Retrieverleidenschaft auch noch die Jägerprüfung in Angriff genommen hätte.

Der Golden ist ein Jagdgebrauchshund: Apportieren einer Ente aus einem Schilfgewässer.

93

Rettungshund und Therapiehund

Golden Retriever eignen sich dank ihrer Intelligenz, ihres freundlichen, aufgeschlossenen Wesens, ihrer Größe und ihrer Belastbarkeit auch für Aufgaben, die früher nicht unbedingt zu ihrem Arbeitsgebiet gehörten. Heute werden viele Golden in der Rettungshundearbeit und als Therapiehunde eingesetzt. Diese Tätigkeiten sind richtige Arbeit für den Hund, denn er wird körperlich wie auch geistig oft stark gefordert. Ist Ihr Hund vom Wesen und der Gesundheit her wirklich dafür geeignet? Es ist schön, wenn ein Hund dazu beitragen kann, Menschen zu finden und zu retten oder alten Menschen Abwechslung, Freude oder neuen Lebensmut zu geben – aber der Hund darf dabei nicht überfordert werden. Nur sehr belastbare, sichere Hunde können eine wirkliche Hilfe sein. Ängstliche, unsichere Hunde könnten in kritischen Situationen unangemessen reagieren und eher gefährden als helfen. Gut geführte Hunde entwickeln Selbstbewusstsein und sind, menschlich gesehen, stolz und zufrieden mit sich und ihrer Arbeit.

Auch für Sie als Hundeführer ist dies mehr als ein Hobby, das Sie mal ausüben können und mal nicht. Sie verpflichten sich zu einer verbindlichen Tätigkeit. Ihre Einsatzbereitschaft wird erwartet, man verlässt sich auf Sie.

Ruhe bewahren! Abseilübungen gehören zum Ausbildungsprogramm eines Rettungshundes.

Gemeinsam in den Urlaub

Neue Erfahrungen und gemeinsame Erlebnisse lassen Sie und Ihren Golden zu einem unschlagbaren Team zusammenwachsen. Sie werden staunen, welche unentdeckten Begabungen in Ihrem Hund stecken, wenn er ohne zu zögern die Bergbahn besteigt oder Ihnen vertrauensvoll ins Ruderboot folgt.

Der Golden Retriever stammt ursprünglich von den Britischen Inseln und ist für ein Leben im gemäßigten Klima wie geschaffen. Er wird Sie deshalb gerne in nördliche Länder oder ins Gebirge begleiten. Ein langer Spaziergang am Strand der Nord- oder Ostsee begeistern ihn. Eine Urlaubsreise in den Süden dagegen, womöglich tagelang im heißen Auto, wird ihm zu schaffen machen. Er würde auch lieber im kühlen Hotelzimmer liegen wollen, als Sie an den heißen Strand zu begleiten. Auf die Klimaumstellung reagieren viele Hunde mit Durchfall und Kreislaufproblemen. Wenn Ihr Golden zum ersten Mal am Meer ist und Salzwasser trinkt, führt dies meist zu explosionsartigem Durchfall. Sie sollten immer Trinkwasser für ihn mit an den Strand nehmen.

Erkundigen Sie sich rechtzeitig nach den Einreisebestimmungen ins Ausland, diese ändern sich immer wieder. Auf jeden Fall braucht Ihr Hund eine gültige Tollwutschutzimpfung. In manchen Ländern herrscht Leinenzwang oder es muss ein Maulkorb mitgeführt werden.

Dieser Maulkorb eignet sich gut für längeres Tragen. Nylonmaulkörbe dagegen behindern die Atmung.

Unterwegs

Ihr Hund braucht aller Erfahrung nach beinahe so viel Gepäck wie Sie selbst. Wenn Sie mit dem eigenen Auto in den Urlaub fahren, können Sie am besten auf die Bedürfnisse Ihres Golden eingehen. Auf Fähren

Checkliste für die Reise:
- Genügend Handtücher
- Übliche Pflegeutensilien (Bürste, Zeckenzange usw.)
- Hundedecke
- Wassernapf, Fressnapf
- Spielzeug, Dummy, Ball
- gewohntes Trockenfutter
- Leine und Halsband, Ersatzleine, Maulkorb (s. o.), Ersatzhalsband
- Wasserkanister, faltbarer Wassernapf für unterwegs
- Bodenanker und geeignete Leine zum Anbinden, falls nötig (z. B. auf dem Campingplatz)
- Impfpass

dürfen Hunde manchmal das Fahrzeugdeck nicht verlassen und im Flugzeug muss ein Hund von der Größe eines Golden im Frachtraum transportiert werden. Für einen kurzen Urlaub sollte man ihm dies nicht zumuten. Bei Bahnreisen darf Ihr Hund bei Ihnen bleiben. Nach den Reisebestimmungen auf ausländischen Bahnen müssen Sie sich rechtzeitig erkundigen. Machen Sie vorher eine Probefahrt mit Ihrem Golden, um herauszufinden, ob er überhaupt bahntauglich ist.

Sind Sie auf einer mehrtägigen Wanderung zu Fuß oder mit dem Fahrrad unterwegs, können Sie Ihren Golden nur mitnehmen, wenn er entsprechend trainiert ist. Viele Familienhunde sind es nur gewohnt, täglich ein bis zwei Stunden spazierenzugehen, wundern Sie sich also nicht, wenn Ihr Hund nach einem Tagesmarsch am nächsten Morgen genau so fußlahm ist wie Sie selbst!

Ob Wohnmobil, Ferienhaus oder Hotel – mit einem wohlerzogenen Golden können Sie sich überall sehen lassen. Im Restaurant liegt er unter dem Tisch, er bettelt nicht und springt nicht am Tisch hoch. Im besten Fall bemerken ihn die Gäste erst, wenn Sie das Restaurant verlassen. Für das Hotelzimmer nehmen Sie eine vertraute Decke mit, und unter den Napf und die Wasserschüssel gehört ein großes Handtuch. Dem Golden am Hoteleingang die schmutzigen Pfoten zu putzen ist selbstverständlich!

Auch am Urlaubsort haften Sie für alle Schäden, die Ihr Hund verursacht. Denken Sie also daran, die Haftpflichtversicherung für Ihren Hund zu überprüfen, ob sie in solchen Fällen auch bezahlt.

Und wenn er nicht mitkann ...

Trotz aller Überlegungen kann es vorkommen, dass Sie Ihren Hund nicht auf die Reise mitnehmen können. Es ist nützlich, sich schon bei der Anschaffung des Welpen zu überlegen, wo Sie Ihren Hund im Notfall oder Urlaub unterbringen könnten. Ihn bei Familienangehörigen oder einem privaten Pflegeplatz zu lassen, ist in diesem Fall die beste Lösung, an eine Hundepension oder das Tierheim sollten Sie erst in zweiter Linie denken. Weisen Sie die Pflegeperson auf die Eigenheiten des Hundes hin, geben Sie genügend Vorrat des gewohnten Futters mit sowie alle benötigten Ausrüstungsgegenstände. Können sich Hund und Pflegeperson schon vorher aneinander gewöhnen, werden Sie beruhigter in den Urlaub fahren können.

TIPP
Probieren Sie vorher einmal ein Wochenende lang aus, ob sich Ihr Hund am Pflegeplatz wohlfühlt.

Urlaubsfreuden ...

Hundeausstellungen

Die ersten offiziellen Hundeausstellungen wurden in der Mitte des vorigen Jahrhunderts abgehalten, zunächst in England, dann aber auch in Österreich, Deutschland oder den Niederlanden. Gleichzeitig wurden die verschiedenen Dachorganisationen für das Hundewesen gegründet, 1873 der englische Kennel Club und 1911 die FCI (Féderation Cynologique Internationale).

Rund um den Ausstellungsring

Diese Hündin ist „Internationaler Champion mit Arbeitsprüfung".

Rassehundeausstellungen sind heute aus der Hundewelt nicht mehr wegzudenken. Hier treffen sich Züchter, Hundeinteressenten, potentielle Welpenkäufer und Hundesportler. Außerdem sind die größeren Schauen auch eine Warenmesse mit vielseitigem Angebot von Artikeln rund um den Hund. Viele Retrieverbesitzer gehen zur Ausstellung, um einmal ein fachmännisches Urteil über das Aussehen ihres Hundes zu bekommen, ganz unabhängig davon, ob mit dem Hund gezüchtet werden soll oder nicht.

Die Konkurrenz in den einzelnen Klassen ist groß. Wenn Sie mit zu hohen Erwartungen und zu großem Ehrgeiz an den Start gehen, sind die Enttäuschungen vorprogrammiert. Viele geübte Aussteller können sehr gut einschätzen, in welchem Alter sich ihr Hund am besten zeigt und melden einen Hund nur dann, wenn er in bestem Fell und super Kondition ist. Wenn Sie daher im Richterbericht über Ihren Hund Passagen finden wie „.... noch unfertig, braucht noch Zeit für die Entwicklung..." sollten Sie nicht zu traurig sein und den Hund einfach ein paar Monate später noch einmal zeigen, das Bild kann sich dann gewandelt haben. Auf jeder Ausstellung können Sie jedoch eine Menge dazulernen, sei es über die Art und Weise, wie ein Hund im perfekten Stand vorgestellt wird, sei es, wie er in der Bewegung präsentiert wird. Auch Ihr unerfahrener Hund wird dazulernen. Gestehen Sie ihm Unsicherheiten zu, wenn er zum ersten Mal auf einer Ausstellung gezeigt wird. Schon der Weg vom Halleneingang bis zum Ring bedeutet Stress, denn er muss an vielen Hundert Hunden jeglicher Rasse vorbeigehen. Hunde, die öfter auf einer Ausstellung vorgestellt werden, haben sich daran gewöhnt, ihnen macht das oft nichts mehr aus, zumindest zeigen

sie es nicht. Eine Erfahrung, die immer wieder gemacht wird: Am Retriever-Ring ist es wohltuend ruhig und nur selten bellt einmal einer der hier liegenden Hunde.

Zuchtschauordnung

Ausstellungsprofis haben ihre eigenen Fachausdrücke und Bezeichnungen, die Ihnen als Neuling ziemlich unverständlich vorkommen werden. Das sollte Sie aber nicht davon abhalten, sich mit dem Thema Ausstellungen zu beschäftigen.

Auf Hundeausstellungen, die vom VDH oder von den VDH-zugehörigen Vereinen veranstaltet werden, können Sie nur starten, wenn Ihr Hund eine Ahnentafel eines VDH-Vereins oder eine FCI-anerkannte Ahnentafel vorweisen kann. Auf den offiziellen VDH-Ausstellungen sind die Klassen und die zugehörigen Altersgruppen vorgeschrieben.

Immer starten Rüden und Hündinnen getrennt in den jeweiligen Altersklassen. In der Jüngstenklasse sind die Hunde noch sehr unfertig und die Beurteilung ist nicht einfach. Ein Start in der Jüngstenklasse ist aber eine gute Übungsmöglichkeit, um die jungen Hunde an die Ausstellungsatmosphäre zu gewöhnen. Hunde, die sich nicht anfassen lassen oder ständig hochspringen, werden „ohne Bewertung" aus dem Ring entlassen. Platziert werden immer die ersten vier Hunde, vorausgesetzt, sie sind mindestens mit „gut" bewertet worden.

> **TIPP**
> Knurrt oder schnappt der Golden bei der Gebisskontrolle nach dem Richter, wird er in der Regel aus dem Ring gewiesen.

Wenn Sie zum ersten Mal einen Ausstellungskatalog in den Händen halten, werden Sie über einige Fachbegriffe stolpern, mit denen Sie vielleicht nichts anfangen können. CACIB, CAC und VDH-CHA sind Abkürzungen für Anwartschaften auf einen Championtitel. BOB („Best of Breed") und BOS („Best Opposite Sex") sind die beste Hündin und der beste Rüde des Tages.

In der Zuchtschauordnung ist außerdem festgelegt, welche Hunde nicht vorgeführt werden dürfen: bissige, kranke, krankheitsverdächtige, mit Ungeziefer behaftete oder missgebildete Hunde. Auch läufige, sichtlich trächtige oder säugende Hündinnen dürfen das Gelände nicht betreten. Dies schützt die Hündin vor Krankheiten sowie Stress und anwesende Rüdenbesitzer davor, dass ihre Hunde nur Interesse an der Hündin zeigen. Fehlt beim Rüden ein Hoden oder ist der Rüde kastriert, kann er nicht bewertet werden. Hunde mit erheblichen Zahnfehlern oder Kieferanomalien oder Hunde mit nicht standardgemäßem oder aggressivem Verhalten können nur die Bewertung „Nicht genügend" erhalten.

Was ist eine „Pfostenschau" ?

„Pfostenschauen" sind inoffizielle, kleinere Ausstellungen, auf denen keine Titelanwartschaften erworben werden können. Dort haben junge und unerfahrene Hunde und ihre Besitzer die Möglichkeit, ohne Stress und nicht ganz so ernsthaft ein bisschen Ausstellungsatmosphäre zu schnuppern. Der Ablauf des Richtens ist oft gleich wie auf den offiziellen Schauen, doch nehmen sich die Richter mehr Zeit für die einzelnen Hunde, von denen noch nicht das perfekte Stehen erwartet wird. Dennoch erhält jeder Aussteller eine faire Beurteilung seines Hundes und Tipps für eine gute Vorführung.

Vorführen will gelernt sein

Ein Ausstellungstag ist lang und anstrengend für Menschen und Hunde. Wenn Sie selbst gut vorbereitet sind und der ganzen Situation gelassen gegenüber stehen, wird sich auch Ihr Golden gelassen auf all

TIPP Ziehen Sie dem noch feuchten Golden ein T-Shirt über, damit die Haare mit dem Fellstrich anliegend trocknen können.

das Neue einlassen. Bereits drei bis vier Wochen vor der gemeldeten Ausstellung sollten Sie Ihren Golden trimmen, damit er am Ausstellungstag nicht aussieht, als käme er frisch vom Friseur. Nur die Pfoten sollten kurz davor noch einmal nachgeschnitten werden. Wenn Sie ihn baden müssen, sollten Sie dies einige Tage vor der Ausstellung tun, damit das Fell nicht aufgeplustert und trocken wirkt. Üben Sie mit Ihrem Hund, sich in einer Menschenmenge zu bewegen, nehmen Sie ihn in ein Menschengewühl mit oder fahren Sie mit mehreren Personen zusammen in einem Aufzug. Er muss lernen, Enge auszuhalten. Trainieren Sie Begegnungen mit anderen Hunden auf engem Raum und achten Sie darauf, dass Ihr Hund gelassen an den anderen Hunden vorbeigeht. Genauso sollte er längere Zeit neben anderen Hunden liegen können, ohne sich allzu sehr aufzuregen. Beobachten Sie, wie er reagiert, wenn ihn fremde Personen ohne große Ankündigung anfassen oder ihm über den Kopf streicheln. Denn das wird Ihnen auf einer Ausstellung immer wieder passieren.

Ringtraining

Üben Sie sowohl das korrekte Vorführen im Stand als auch die Präsentation Ihres Golden in der Bewegung. Eine Todsünde ist, mit der Hand unter den Bauch zu fassen und diesen nach oben zu drücken. Genauso schlimm ist, einem nicht entspannten Hund die Rute in die Länge oder nach oben zu ziehen. Lassen Sie sich von einem ausstellungserfahrenen Golden-Besitzer genau zeigen, wie man den Hund richtig stellt. Üben Sie dies und lassen sich dabei immer wieder korrigieren. Beim Stehen soll der Golden aufmerksam nach vorne schauen. Wenn er dabei noch mit der Rute wedelt, ist es optimal. Schauen Sie sich auch gute Standfotos von Golden Retrievern an und prägen Sie sich das Bild ein.

Für die Vorführung verwenden Sie eine sehr dünne Show- oder Ausstellungsleine, die wenig auffällt und den Gesamteindruck des Hundes nicht stört. Das Leinenende behalten Sie immer in der Hand! Im Stand muss sich der Golden problemlos am ganzen Körper anfassen lassen, bei den Rüden werden die Hoden abgetastet. Außerdem kontrolliert der Richter immer die Zähne. Der Golden muss sich also auch von einem Fremden das Maul öffnen lassen. In der Bewegung sollte der Golden an der linken Seite des Vorführers in schwungvollem und raumgreifendem Trab vorwärtsgehen, ohne an der Leine zu ziehen. Wichtig ist, dass der Hund in sich gerade läuft. Bei der Vorführung soll die Leine

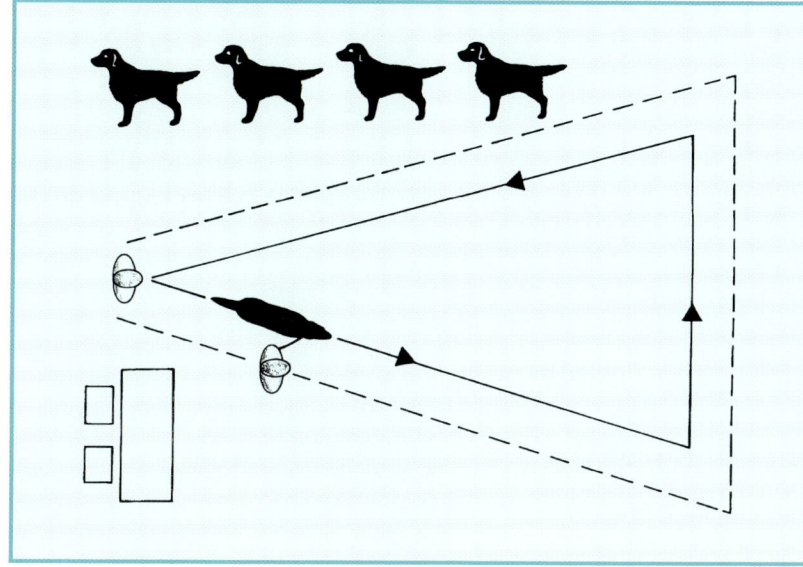

Meist werden die Hunde im Dreieck vorgeführt, damit der Richter den Hund von hinten, von der Seite und von vorne betrachten kann.

locker durchhängen und der Hund darf ruhig in etwas Abstand seitlich zum Vorführer laufen. Üben Sie das Dreieck, indem Sie sich Eckmarkierungen suchen und ganz gezielt darauf loslaufen. Gutes Vorführen gelingt nur nach sehr viel Übung – von Mensch und Hund.

Der große Tag

Die Tollwutschutzimpfung darf am Ausstellungstag nicht länger als ein Jahr, aber auch nicht weniger als dreißig Tage zurückliegen. Ohne gültigen Impfausweis dürfen Sie das Gelände nicht betreten.

Die Hunde werden in der Reihenfolge der Katalognummern (zugleich Startnummern) gerichtet. Bevor der Ringordner Ihre Klasse aufruft, gehen Sie mit Ihrem Hund noch einmal nach draußen, damit er sich lösen kann. Zunächst stellen sich alle Hunde dieser Klasse in der Reihenfolge der Startnummern hintereinander auf. Achten Sie bei Ihrem Hund jetzt schon auf den korrekten Stand, der Richter geht meist einmal von Hund zu Hund und verschafft sich einen ersten, oft entscheidenden Eindruck. Meist müssen jetzt alle Hunde eine oder zwei Runden im

Ins Ausstellungsgepäck gehören:
- Wassernapf
- Halsband und Leine, Ausstellungsleine nur zum Vorführen, Leckerle
- Impfpass mit gültiger Tollwutimpfung
- Meldebestätigung mit Eintrittskarte, Ahnentafelkopie
- Sicherheitsnadel oder Showclip zum Befestigen der Startnummer
- Decke, Kamm, Handtuch
- Sitzgelegenheit / Klappstuhl oder Sitzrucksack
- Verpflegung für die Menschen

Für Ausstellungen im Freien zusätzlich :
- Sonnenschutz / Sonnenschirm
- Regenschutz / Pavillon oder kleines Zelt
- Bodenanker zum Anbinden

Kreis traben, hier schaut der Richter nach Auffällig-keiten im Gangwerk oder im Verhalten der Hunde zueinander. Danach werden die Hunde einzeln beur-teilt. Kommen Sie mit einer vorzüglichen Bewertung in die Endausscheidung um eine Platzierung, werden Sie dazu wieder in den Ring gerufen. Nun geht es ums Ganze! Präsentieren Sie Ihren Hund nochmals mit voller Konzentration, beobachten Sie den Rich-ter, wann er Ihren Hund im Auge hat.

Wie auch die Bewertung Ihres Golden ausgefallen ist, Sie sollten immer mit dem Gefühl heimfahren, dass Ihr Hund für Sie der Beste ist!

Es ist ein spannen-der Weg vom Welpen bis zum „fertigen" Golden. Viel Erfolg dabei!

Verzeichnisse

Adressen von Verbänden und Vereinen

Verband für das deutsche Hundewesen VDH e.V.
Westfalendamm 174
Postfach 104154
44141 Dortmund

Deutscher Retriever Club DRC e.V.
Geschäftsstelle
Dörnhagener Str. 13
34302 Guxhagen

Golden Retriever Club GRC e.V.
Geschäftsstelle
Jürgen Rüter
Dietrichsweg 68
26127 Oldenburg

Schweizerische Kynologische Gesellschaft SKG
Länggastraße 8
Postfach 8217
CH-3001 Bern

Österreichischer Kynologenverband ÖKV
Johann-Teufelgasse 8
A-1238 Wien

Literatur

Busch, P.: Golden Retriever, Das Rasseportrait. Kynos Verlag, Mürlenbach/Eifel 1988.

Busch, P. und H. Vogel: Golden und Labrador Retriever. Paul Parey, Hamburg und Berlin 1991.

Del Amo, C.: Spielschule für Hunde. Verlag Eugen Ulmer, Stuttgart 1998.

Fogle, B.: Golden Retriever. BLV Verlagsgesellschaft, München 1997.

Foss, V. u.a.: Das große Golden Retriever Buch. Kynos Verlag, Mürlenbach/Eifel 1998.

Gail, H.: 1x1 der Hundeerziehung. Kynos Verlag, Mürlenbach/Eifel 3. Auflage 1994.

Goldens i Danmark, Jahrbuch des Dansk Retriever Klub 1995.

Ohl, F.: Körpersprache des Hundes. Verlag Eugen Ulmer, Stuttgart 1999.

Timson, M.: Golden Retriever. Kynos Verlag, Mürlenbach/Eifel 1990.

Schneidermann, B.: Retriever. Gräfe und Unzer, München 1994.

Ting, G.: Kleine Retrieverschule. Romney´s Verlag, Bad Münder 1995.

Wegmann, A. und W. Heines: Such und Hilf! Kynos Verlag, Mürlenbach/Eifel 1989.

Wolff, H.G.: Unsere Hunde – gesund durch Homöopathie. Johannes Sonntag Verlagsbuchhandlung, Stuttgart 1988.

Year Book 1994/1995, Jahrbuch des RCS Retriever Club Schweiz.

Die Autorinnen

Ursula Thumm züchtet selbst Golden Retriever und ist im Bereich des Zucht- und Ausstellungswesens tätig, Monika Schaal hat sich auf die Arbeit mit Problemhunden spezialisiert. Beide sind erfahrene Ausbilderinnen (jagdliche, Dummy-, Rettungshunde- und Begleithundeausbildung) im Deutschen Retriever Club.

108

Register

Bildquellen

Birgit Brode, Langlingen: Seite 11.
Marie-Luce Hubert & Jean-Louis Klein, Lupstein (F): alle Abbildungen des Umschlags, Seite 5, 7, 28/29, 30, 71, 79, 80, 86, 88/89, 91.
Dieter Kothe, Stuttgart: Seite 15, 17, 19, 33, 34, 42, 44, 46, 65, 72, 99.
Regina Kuhn, Stuttgart: Seite 1, 3, 4, Abbildung im Kolumnentitel.
Martin Rügner, Bad Windsheim: Seite 76/77.
Birgit Simon, Berlin: Seite 22/23.
Wolf-Dieter Sinnecker, Aalen: Seite 9, 41, 61, 66, 74, 97.
Jürgen Sprenzel, Stuttgart: Seite 14.
Sabine Stuewer, Darmstadt: Seite 52, 63, 101, 107.
Horst Streitferdt, Böblingen: Seite 38/39, 49, 54, 58, 59 links und rechts, 69, 70.
Ursula Thumm, Kaisersbach: Seite 8, 18, 25, 53, 94, 104/105.

Die Deutsche Bibliothek – CIP-Einheitsaufnahme

Thumm, Ursula:
Golden Retriever / Ursula Thumm ; Monika Schaal. – Stuttgart (Hohenheim) : Ulmer, 2000
ISBN 3-8001-7490-1

© 2000 Verlag Eugen Ulmer GmbH & Co.
Wollgrasweg 41, 70599 Stuttgart (Hohenheim)
email: info@ulmer.de
Printed in Germany
Lektorat: Dr. Eva-Maria Götz
DTP & Herstellung: Jürgen Sprenzel
Druck und Bindung: Georg Appl, Wemding

Wenn Sie mehr wissen wollen...

Hier werden nicht nur die bekannten Schlittenhunderassen wie Husky und Malamute vorgestellt, sondern auch alle anderen Nordischen Hunde – vom norwegischen Elchhund bis zum kabelischen Bärenhund, vom Shiba – Inu bis zum Lappländer Rentierhund. Neben ausführlichen Beschreibungen von 28 Rassen wird auf Haltung, Pflege und Ernährung sowie Krankheiten eingegangen. Detaillierte Angaben zur Zucht versorgen den Leser mit vielen interessanten Informationen. *Nordische Hunde. Nordische Jagdhunde, Japanische Spitze, Nordische Hütehunde. Doris Baumann. 3., völl. über-arbeitete Aufl. 1999. 199 S., 71 Farbf., 10 Zeichnungen. ISBN 3-8001-7440-5.*

Die Autorin stellt den Deutschen Schäferhund vor: als vielseitigen Gebrauchshund und verlässlichen Freund seiner Familie. Welche Bedingungen muss man erfüllen, wenn man einen Schäferhund halten will? Wie findet man den richtigen Züchter? Was braucht der Hund – von der Erziehung, über Sport und Beschäftigung, Ernährung und Gesunderhaltung? Für welche Aufgaben eignen sich Deutsche Schäferhunde? Alle diese Fragen werden von der Autorin kompetent und umfassend beantwortet.
Deutsche Schäferhunde. Doris Baumann. Etwa 96 Seiten, 50 Farbfotos, 20 Farbgrafiken. ISBN 3-8001-7486-3.

Springt Ihr Hund hoch, bettelt am Tisch oder jault unerträglich, wenn Sie das Haus verlassen? Viele solche Probleme sind durch „Missverständnisse" zwischen Hund und Besitzer entstanden. Wer die Körpersprache des Hundes kennt und weiß, wie ein Hundehirn lernt, der kann so manche „Fehlverknüpfung" vermeiden, auch bei bestehenden Problemen. In sechs speziellen Trainingsprogrammen können der problematische Hund und sein Besitzer lernen, ihre Beziehung so umzugestalten, dass das Zusammenleben wieder Spaß macht.
Probleme mit dem Hund verstehen und vermeiden. Celina del Amo. Etwa 200 Seiten, 50 Fotos, 50 sw-Zeichnungen. ISBN 3-8001-7468-5.

Alles über Haltung und Erziehung.

Wer kennt nicht das mulmige Gefühl, wenn ein ihm unbekannter Hund den Weg kreuzt und das Nackenfell sträubt? Oder wenn der sonst so liebe Golden Retriever plötzlich ein Familienmitglied anknurrt? Häufig weiß keiner so recht, wie er reagieren soll. Dieses Buch macht mit ihrem Ausdrucksverhalten vertraut und gibt Tipps zum richtigen Verhalten. Zeichnungen veranschaulichen die Elemente der Körpersprache. Die zur Verständigung eingesetzten Körperteile sind hervorgehoben.
Die Körpersprache des Hundes. Ausdrucksverhalten erkennen und verstehen. Frauke Ohl. 1999. 111 Seiten, 57 Farbfotos, 22 Zeichnungen. ISBN 3-8001-7445-6.

Dieses Buch zeichnet ein liebevolles, aber objektives Porträt der bärigen Riesen. Zu verschiedenen Themenbereichen gibt es Informationen und Ratschläge, so finden Sie hier z.B. Wissenswertes über die Auswahl des geeigneten Welpen, über Ernährung und Erziehung sowie über die Verantwortlichkeiten eines Hundebesitzers. Dem Themenbereich 'Gesundheit und Vorsorge' ist ein eigenes Kapitel gewidmet. Dieses Buch informiert über Fell- und Zahnpflege, notwendige Impfungen und Erste Hilfe im Notfall. Sie erfahren, für welche Teamarbeiten der Berner Sennenhund sich eignet.
Berner Sennenhunde. Alexandra Haug. 1998. 96 Seite, 63 Farbfotos, 26 Zeichnungen. ISBN 3-8001-7399-9.

Der Rottweiler kann auf eine lange Geschichte als Treib- und Herdenschutzhund zurückblicken. Sein Image ist das eines wehrhaften Kraftprotzes, doch hinter der rauhen Schale verbirgt sich ein sensibler Kern. So eignet sich die Rasse nicht nur als Schutz- und Sporthund, sondern bei richtigem Umgang und einfühlsamer, konsequenter Erziehung auch als Familienhund. Der Autor beantwortet in diesem Buch viele Ihrer Fragen und gibt zudem wichtige Tipps zu den Themen Anschaffung, Spiel, Sport, Ausbildung sowie Ernährung und Gesundheit.
Rottweiler. Torsten Winter. 1999. Etwa 96 Seite, 50 Fotos, 20 farbige Zeichnungen. ISBN 3-8001-7467-7.